안익태 케이스

안익태 케이스

2019년 1월 15일 초판 1쇄 펴냄
2019년 6월 15일 초판 2쇄 펴냄

펴낸곳 도서출판 **삼인**

지은이 이해영
펴낸이 신길순

등록 1996.9.16 제25100-2012-000046호
주소 03716 서울시 서대문구 성산로 312 북산빌딩 1층

전화 (02) 322-1845
팩스 (02) 322-1846
전자우편 saminbooks@naver.com

디자인 디자인 지폴리
인쇄 수이북스
제책 은정제책

©2019, 이해영
ISBN 978-89-6436-155-9 93910

값 15,000원

안익태 케이스

국가 상징에 대한 한 연구 · 이해영 지음

일러두기

* 본문에 인용된 신문 및 잡지, 단행본의 텍스트는 발표 당시의 국한문 표기법을 존중해 현재의 표기 원칙을 적용하지 않고 사실상 원본 그대로 수록했음을 밝힙니다.
* 저자가 집필시 참고한 국내외 문헌은 권말에 그 출전을 따로 밝혔습니다. 본문에 사용된 사진 및 도판의 출전 역시 권말에 따로 밝혔습니다. 본 단행본이 학술 및 연구 목적으로 집필, 출판되는 점을 감안해 저작권자와 출판권자의 넓은 양해를 구합니다.

"아버지를 추억하며…"

책머리에

　원래 이 책을 구상한 것은 꽤 오래전이다. 안익태 커리어의 정점이 베를린 시기인 탓에 독일어 자료가 많았고 자연히 그의 행적이 자주 눈에 밟혔다. 또 개인적으로 서양 고전 음악을 젊었을 때부터 애호해온 덕에 음악적으로도 이 분야가 낯설지 않았다. 안익태의 행적이 본격적으로 드러나기 시작한 것이 이제 겨우 10여 년인지라 앞선 좋은 연구들이 있음에도 여전히 빈 곳이 많았다.

　간혹 독일을 방문할 때마다 '연방문서보관소(Bundesarchiv)'에서 자료를 챙겨 담기 시작했는데, 본격적으로 집필에 들어갈 수 있었던 계기는 아무래도 나에게 주어진 연구년이었다. 마침 프랑스의 '콜레쥬 드 프랑스Collège de France' 한국학 연구소 소장 알랭 들리셍Alain Delissen 교수와 노미숙 선생님의 많은 배려와 지원이 있었다. 당시 파리에서 일하고 계시던 김현아 원장과 임영리 선생 또한 고마운 분들이다. 일찍이 영국에 유학 중인 나의 제자 이유철은 현지의 자료를 찾아 보내주었고 또 이 책 부록에 포함된 에하라 고이치江原綱一의 글을 국역하는 데 아주 큰 도움을 주었다. 이상욱, 조성대, 강소연, 박수원 등 선배, 동학, 학형들은 에키타이 안을 핑계 삼아 허구한 날 만나 나를 독려하고 감시해 주었다. 그리고 이들의 도움으로 '에키타이 안 아카이브'라는 카페도 만들 수 있었다. 도서출판 삼인의 김도언 주간은 본인이 작가여서 그런지 마냥 게으름 피우는 나에게 단 한 번도 독촉을 하지 않음으로써 나를 더 불안하게 만들었다. 조영주 관장은 구하기 힘든 자료를 찾는 데 커다란 도움을 주었고, 한성희, 이한슬도 자료 찾기에 귀한 시간을 보태주었다. 끝내지 못한 연구를 마무리한 것은 김정숙 대표와 지리산 칠불사 주지 도응 스님께서 올 여름 염천지옥을 피해 글 쓰고, 몸 뉘일 자리를 마련해 주신 덕분이기도 하다. 이 자리를 빌려 위의 모든 분께 다시 한 번 고마운 마음을 전하고자 한다.

2019년 1월

저자 誌

목차

들어가는 말

"작곡가는 단순한 예술가가 아니라 그 세상을 살고 있는 사람이
기도 하다. 그는 자신이 살고 있는 세계에 무심할 수 없다. 인간
적인 고뇌, 압제, 부당함이 이 세상에 여전히 존재한다. (…)고
통이 존재하고, 오류가 존재하는 그곳에 나는 내 음악을 가지고
함께 나아갈 것이다."[1] 윤이상

음악은 진정 정치 바깥의, 권력이 작용하지 않는 장소에 있는 것일
까. 음악은 그저 순정한 인간 사랑의 표현이어서 위대한 것일까.

세상에서 가장 유명한 음악 작품 중 하나인 베토벤 교향곡 제5번
〈운명〉을 모르는 사람은 드물다. 그런데 빌헬름 푸르트벵글러, 오토 클
렘페러, 카를로스 클라이버 등 즐비한 명연 가운데 특별히 나는 존 엘
리엇 가디너John Eliot Gardiner의 해석에서부터 시작해 보고자 한다. 제5

---

1 베로니카 베치, 『음악과 권력』, 서울:컬처북스, 2001, p.573. 이 책은 번역 오류가 좀 많은 편
이다.

번의 경우는 음악과 정치가 관계하는 어떤 특별한 방식에 대한 탁월한 사례라 할 만하다. 흔히 '운명이 문을 두드린다.'는 식의 속설로 〈운명〉이라는 어이없는 부제를 달아 우리의 감상 혹은 접근을 방해해온 지난 2세기 동안의 오해로부터 벗어날 단서를 그가 제시하고 있기 때문이다. 바로 교향곡 5번의 제1주제 '다다다 단-'의 기원에 관한 것이다. 여기서 가디너는 독일의 음악학자 아놀드 슈미트의 해석을 수용한다.[2] 베토벤의 제1주제는 베토벤이 존경하던 이탈리아 출신의 프랑스 귀화 음악가인 루이지 케루비니Luigi Cherubini의 〈팡테옹 찬가(Hymne au Pantheon)〉[3]의 주제를 변용한 것이라는 말이다. 선율도 그렇거니와 특히 그 당대 시인 앙드르 마리 드 세니에Andre Marie de Chenier의 노랫말도 문제다.[4]

그는 본에서 태어나 어떤 정치적인 메시지라 하더라도 반드시 암호화하지 않으면 안 되었을 정도로 극도로 보수적인 비엔나에서 살았다. 베토벤은 이태리에서 태어나 프랑스에서 살았던 작곡가 루이지 케루비니의 열렬한 숭배자였다. 이 심포니(베토벤의 5번 교향곡― 옮긴이)를 시작하는 유명한 주제는 케루비니의 혁명적인 〈팡테옹 찬가〉에서 나온 것이나 마찬가지며 그 리듬과 심지어 그 멜

---

2 아놀드 슈미츠Arnold Schmitz(1893~1980), 독일의 저명한 음악학자로서 지금의 폴란드 브레슬라우 대학과 마인츠 대학 교수를 역임했다.

3 팡테옹 찬가는 유튜브에서 들을 수 있다. 특히 이 녹음의 8분 이후부터 주의해서 들어볼 필요가 있다. https://www.youtube.com/watch?v=BXWyeHnw2y0

4 "손에 쥔 이 칼에다 맹세컨대 공화국과 인권을 위해 목숨을 바치겠노라." 불어 원문은 "Nous jurons tour, le fer en main, de mourir pour la Republique et pour les droits du genre humain". 〈베토벤 교향곡 5번의 비밀〉이라는 BBC방송 프로그램을 참고. https://www.youtube.com/watch?v=cJ9Wz0ibHzc&t=4266s

로디 라인도 어느 정도는 이 5번 교향곡의 배경에 숨어 있다. 케루비니 작품에 대한 세니에의 대사는 명백하게 혁명적인 것이었다. '손에 쥔 이 칼에다 맹세컨대 공화국과 인권을 위해 목숨을 바치겠노라.' 이는 독일 출신 작곡가가 아무 대사 없는 교향곡에 암호화해 넣기에도 터무니없는 것이었다. 만일 믿기지 않을 정도로 반동적인 비엔나 같은 도시에서 이것이 발각되었더라면, 베토벤이 감옥에 수감되었을 거라는 데에는 의문의 여지가 없다.[5]

교향곡 5번 〈운명〉과 프랑스 대혁명기 음악의 내밀한 관계는 비단 이뿐만이 아니다.

(…)또 다른 정치적 모토가 출현한다. 이것은 루제드릴Claude Joseph Rouget de Lisle(1760-1836)의 〈디오니소스찬가(Hymne Dithyrambique)〉를 원용한 것인데 특히 그중에서도 '자유를 노래하라(Chanton la liberté)'는 소절이다. 이 소절은 베이스라인에서 등장해 점차 트롬본과 바순을 거쳐 바이올린으로 넘어간다. 그 다음에 전 오케스트라가 자유의 찬가를 노래하는 것이다.[6]

프랑스군 장교이자 시인이었던 루제드릴은 바로 프랑스 국가 〈라 마르

5 John Eliot Gardiner(2014), Beethoven's Symphony No 5, introduced by Sir John Eliot Gardiner, Gramophone, Mon 13th October 2014.
https://www.gramophone.co.uk/feature/beethovens-symphony-no-5-introduced-by-sir-john-eliot-gardiner
6 Gardiner(2014).

세이즈La Marseillaise〉의 작곡가다. 로베스피에르가 실각한 1794년 7월 27일 테르미도르 9일 사건을 찬양한 그의 작품이 〈디오니소스 찬가〉다.[7] 이 곡은 〈라 마르세이즈〉보다는 덜 알려진 곡인데 베토벤은 〈교향곡 5번〉의 마지막 4악장에서 이를 변용해 자신의 공화주의적 신념을 담는다.

베토벤 음악은 그 전투적 공화주의와 혁명적 파토스 혹은 제우스라는 절대 권력에 불굴의 의지로 도전하는 '프로메테우스적' 모티브로 인해 파시즘에서 스탈린주의 그리고 심지어 일본의 군국주의에 의해서도 과소비된 측면이 있다. 하지만 가디너가 제시한 접근법은 그의 음악을 프랑스 대혁명의 내적 연관 속에서 새롭게 재구성할 여지를 보여준다. 그의 5번은 음악사적으로 — 피에르 부르디외Pierre Bourdieu의 표현을 빌자면 — 진정한 '상징 혁명'이었다.[8] 적어도 1815년 비엔나 메테르니히 반동 체제 수립 이후 그의 후기작을 빼고 본다면,[9] 베토벤의 음악, 특히 그의 5번은 비엔나라는 당대 반혁명의 본거지에서 일으킨 음악적 대혁명이었다. 프랑스 대혁명이 베토벤의 머리를 지나면서 어떻게 음

---

7 루제드릴의 곡을 베를리오즈가 1830년 편곡한 버전으로는 다음이 있다.
https://www.youtube.com/watch?v=rvfl-BlW6w8

8 부르디외는 화가 마네를 통해 '상징 혁명(révolution symbolique)' 개념을 도출해낸다. 급진 공화주의자였던 마네는 전혀 새로운 형식과 기법을 통해 당대 '국가 예술'에 전복적 충격을 가한 성공한 상징혁명 사례라는 것이다. 자세한 것은 Pierre Bourdieu(2013), Manet, Une Révolution symbolique, Paris: Raison d'agir/Seuil, 2013. 일부가 국역되어 있다. 피에르 부르디외, 〈마네 작품에서 드러난 사회적 아비투스〉, 《르몽드 디플로마티크》 62호, (2013년 11월 8일).
http://blog.daum.net/_blog/BlogTypeView.do?blogid=0qBji&articleno=852&categoryld=28&regdt=20131108110400

9 나폴레옹 등장 이후 노년의 베토벤은 청년기의 베토벤이 아니었다. 오스트리아 메테르니히 반동 체제가 안착된 이후 베토벤 역시 권력의 환심을 사기 위해 일련의 작품을 발표한다. "현실과 타협하지 않고 불굴의 예술혼을 추구한 위대한 작곡가로 손꼽히는 베토벤도 〈영광의 순간〉을 비롯해, 〈요제프 2세를 위한 장례 음악〉, 〈레오폴드 2세를 위한 대관식 칸타타〉, 〈게르마니아〉 등을 작곡해 '정권의 나팔수' 역할을 톡톡히 했다. 음악가로 더욱 출세하고자 권력과 타협한 베토벤이었지만 결국 그에게 돌아온 것은 평생 후회스러운 아픈 기억뿐이었다." 베치(2001), p.7. 베토벤의 후기 현악 사중주와 피아노 소나타는 어쩌면 저 쓸쓸한 광경의 반영이리라.

악적 혁명이 되는지 저명한 지휘자 N. 아르농쿠르는 이렇게 말했다. "이 것은 음악이 아니라 정치적 선동이다. 이 곡이 말하는 것은 이거다. 우리가 살고 있는 세상은 잘못된 거다. 바꿔야 한다."[10]

영국 작곡가 콘스탄트 램버트Constant Rambert는 "수백 명의 자원 입대자를 모으는 것은 정치 선전물이나 포스터로는 불가능하지만 나팔과 북소리로 충분히 가능하다."[11]고 말했다. 물리 현상으로서 소리는 그 자체로 중립적이다. 그러나 음악은 결코 중립적인 것이 아니다. 소리가 혹은 음이 어떤 질서 체계를 통해 음악이 되어 어떤 특정한 장소와 공간에서 특히나 어떤 대사, 즉 언어적 기호와 결합되어 전달될 때 그것은 가공할 정치적 위력을 발휘한다. 인간의 심박과 혈압에 직접 작용한 '나팔과 북소리'가 지시하는 방향, 바로 그것이 정치가 되고 이념이 되는 것이다. 프랑스 국가의 작곡자인 루제드릴이 애국주의의 향도가 될지 정권의 나팔수가 될지는 처음부터 예정된 것은 아니었다. 그것은 무엇보다 역사적 상황과 조건에 달린 것임에 분명하다. 여기에 덧붙여 본질적인 것은 어떤 가치를 담고 어떻게 추구할지 그것이다. 케루비니나 루제드릴이 담았던 메시지는 자유와 평등 그리고 인간의 해방이라는 보편적 이념과 가치였다. 베토벤이 마치 암구호처럼 자신의 〈교향곡 5번〉에 숨죽여 묻어놓았던 메시지 또한 이와 다르지 않다. 음악사에 있어 진정한 '상징 혁명' 5번은 그렇게 보편적 이념의 담지자로서, 억압받는 자의

---

10 http://musicality.wikia.com/wiki/Ludwig_van_Beethoven
11 베치(2001), p.11.

해방을 노래했고 이념의 혁명이 낡은 형식과는 타협할 수 없어 그 형식 또한 혁명적이었기에 당당히 인류의 영원한 문화 자산이 될 수 있었다.

음악이란 것이 정치와 저 멀리 떨어져 따로 존재하는 것은 아니다. 특히 애국가, 혹은 국가國歌는 가장 고도한 음악적 정치 현상이나 행위 중 하나다. (애)국가의 제창을 통해 주권자 시민은 자신들 주권의 구현체인 국가라는 최고 공동체와의 정서적 결속과 '충성'의 서약을 한다. 이는 성전도, 사제도, 제단도 없는 '시민 종교(religion civile)'적 프로세스로서, 일종의 "시민으로서의 순수 신앙 고백" 같은 것이다.[12] 국가가 온전히 유지되기 위해서는 "각 시민이 그의 [정치적] 의무를 사랑하게 하는 종교를 가지는 것이 매우 중요"한 것임은 말할 나위도 없다. 국가를 사랑하는 것, 곧 '애국'과 신을 사랑하는 것이 같을 수는 없다. 전자는 '정치 신학적', 그리고 시민 종교적 행위이다. 그러므로 그 제의적 행위는 시민 종교적 이벤트로서 공동체의 자기 재생산을 위한 필수적인 과정임이 분명하다. 그래서 그 노래를 부르는 행위가 국가 공동체에 대한 소속감과 또 동료 시민과의 연대를 지향하는 까닭에 여기에 보통 이상의 경건함을 요구하는 것도 문제 삼을 이유는 없다. 그래서인지 안익태는 미국 유학을 하던 젊은 시절 이런 글을 쓴 적이 있다.

대한국 애국가를 부르실 때는 특히, 애국가 말의 의미를 깊히 생각

---

12 루소의 시민 종교 개념에 대해서는 공진성(2013), 「루소 스피노자 그리고 시민 종교의 문제」, 《정치사상연구》 제19집 1호, 2013 봄호.를 참조.

하면서 애국적 정신으로 활기 있게 장엄하게 부르시되 결코 속히 부르지 마십시오.

(…)

'동해물과 백두산이 마르고 닳도록 하나님이 보우하사 우리나라 만세'를 부르실 때에 장엄히 애국적 정신으로 엄숙히 부르시되 특히 동해의 '해'와 백두산의 '백'에 힘을 주고 또 '하나님이 보우하사 우리나라 만세'에 더욱 힘 있게 충만한 애국심과 활기 있게 부르십시오.

대중가요가 아니기에 국가에 수준 높은 순정성과 도덕성을 요구하는 것도 그다지 이상하지 않다. 국가라면 애국이라는 공동체의 합의된 가치를 담아내야 하고 또 애국이라는 기준에 부합할 것을 요구하는 것도 지극히 당연하다.

이 책은 바로 가장 중요한 국가 상징 가운데 하나인 〈애국가〉, 그 중에서도 안익태의 〈애국가〉에 대한 것이며 안익태의 전기는 아니다. 또 그런 전기에 나는 별 관심이 없다. 애국가라는 것이 국가 상징의 주요 일부이므로 나는 무엇보다 정치학적 관심에서 접근하고자 했다. 그러므로 이 책『안익태 케이스』는 정치학 연구의 한 사례이다. 나는 안익태가 애국가를 지은 바로 뒤 기고한 위의 말에서 시작해 마치 오디세이처럼 그 이후의 긴 과정을 추적하면서 저 '거룩함'의 배후에 무엇이 있고, 그것은 진정한 것이었는지를 역사적 콘텍스트 속에서 분석하고 평가해 볼 것이다.

나는 이 오디세이적인 과정을 열 개의 장으로 나누었다. 1장부터 3

장까지는 미국에서 〈애국가〉를 만들고 더블린을 거쳐 베를린에 이르는 과정을 따라가본다. 여기서 나는 안익태가 《아이리시 타임스The Irish Times》와 행한 인터뷰에 등장하는 인물 '프린스 리'에 대해 의문을 제기해봤다. 이것이 '민족'을 이해하는 그의 사상의 원형질이 아닌가 싶어서다. 1930년대부터 시작해 〈애국가〉가 담긴 〈코리아 판타지〉가 〈만주국〉으로 변질되고 변형되는 과정은 이 장들에 포함된다.

제4장은 에하라 고이치江原綱一에 관한 것이다. 나는 그가 안익태의 베를린 시기를 이해할 중심인물이라고 생각한다. 따라서 그에 대한 최근의 연구에서 제기된 아주 새로운 가설에 대해 검토해 보았다. 제5, 6, 8장은 우리가 '잃어버린' 에키타이 안의 시간대에 가장 중요한 세 개의 곡, 즉 〈에텐라쿠〉, 〈일본 축전곡〉, 〈교향 환상곡 만주국〉에 대한 글이다.

제7장은 독일협회獨日協會에 관한 것이다. 나는 여기서 이 협회의 이름이 함의하는 것처럼 민간 친선 단체가 전혀 아니라, 위장된 나치의 국가 조직임을 강조할 것이다. 독일협회는 에하라 고이치와 더불어 안익태, 아니 에키타이 안의 가장 강력한 스폰서였다.

제9장에서는 에키타이 안의 대표작인 〈만주국〉에 나오는 만주국의 역사적 실체를 추적해 그가 노래한 그 민족 협화의 허상을 밝히고자 했다. 그런데 여기서 에키타이 안과는 '다르면서 닮은 꼴'인 소설가 박영준이 재만在滿시절에 쓴 단편 한 편에 주목했고, 이것과 에키타이 안의 2차 대전 종전 후 〈만주국〉 개작을 비교해 보았다.

제10장은 별개의 장으로 안익태의 〈애국가〉와 관련해 지금까지 아주 간헐적으로만 다뤄졌지만 사실 핵심에 해당되는 안익태의 〈애국가〉를 이제 어떻게 할 것인가라는 질문에 답하기 위한 도정이다. 〈애국가〉

가 1945년 남한에 상륙해서 사실상 국가로 고착되는 과정과 그 과정에서 경쟁하거나 경합했던 여러 다른 시도들도 다룬다. 그 뒤 그와 연관된 〈애국가〉 관련 국내 논쟁들을 연대기적으로 재구성해 보았다.

마지막으로 맺는 말에서는 전후 나치 부역자에 대한 프랑스의 '숙청' 과정을 살펴보았다. 그리고 나는 '반민특위'를 통해 하나의 '사고 실험'을 시도해 보았다. 그것은 '상상의 법정'을 여는 일이다. 목적은 에키타이 안을 이 법정에 소환하기 위해서다. 책은 어떤 선택지가 오늘의 우리에게 남겨져 있는지를 말하면서 끝을 맺는다.

01
안익태 〈애국가〉의 탄생

1936년 1월 16일자 《신한민보》에
는 '안 씨의 신작 애국가'란 제목으로
다음과 같은 짧은 기사가 실렸다. 《신
한민보》는 미주 한인 독립운동 단체
였던 〈대한인 국민회〉의 기관지였다.
지난 1935년 "12월 28일 지성 한인
예배당에서 안익태 씨가 수 삼년 간
심혈을 경주하여 창작한 애국가의 새
곡조를 친히 연주"했다고 한다.[1] 안익
태 〈애국가〉는 이렇게 1935년 12월
28일 초연된 셈이다.

　이어 《신한민보》 1936년 3월 26

《신한민보》 1936년 1월 16일자

---

1 《신한민보》 1936년 1월 16일자.
http://db.history.go.kr/item/imageViewer.do?levelId=npsh_1936_01_16_v0002_0360

일자에는 〈대한국 애국가〉라는 안익태 본인의 기명 칼럼 기사가 꽤 비중 있는 분량으로 게재되어 있다. 안익태 〈애국가〉의 자작의 변인 셈이라 길게 인용해 보겠다.

《신한민보》 1936년 3월 26일자

대한국 애국가

누구시나 정든 고국산천을 리별하고 저 망망한 태평양 대해를 건널 적에는 큰 포부와 많은 희망으로써 미구에 전개될 자유의 나라 희망의 나라를 상상하면서 이 미주대륙에 발을 부칠 것입니다. 동시에 많은 감상과 인상 중에 자기가 하고자 하는 장차 위대한 사업과 광영의 성공을 믿고 더욱 활기를 얻어 자중하면서 성실히 전진할 이외다.

저도 그 중의 한 사람으로 약 5년 전에 미주 상항에 도착하여 많은 감상과 인상을 가졌는데 특별히 제게 가장 깊은 인상을 준 것은 상항 한인 예배당 강당 위에 걸린 대한국의 태극기와 제일성에 처음 부른 대한국 애국가였습니다. 상항에 도착한 날 밤 동포 여러분께서 제 음악 연주를 듣기 위해 약 20여 명 동포가 한인 예배당에 모였습니다.

음악 연주 전 여러분과 같이 애국가를 부르고 황 목사의 소개로 강당 위에 올라 약 반 시간 동안 연주를 하였는데 대한국 태극기 아래와 20여 명 동포 앞에서 연주한 실로 사천여 년 이상의 장구한 역사 아래 ○○동시 사방으로 헤매이는 불쌍한 우리 이천 만 동포 앞에서 연주하는 감이였는데 눈물은 제 앞을 가리워 참으로 형언할 수 없는 깊은 감상이었습니다.

(…)

대한국 애국가 근작

미주 온 후에 목적한 바 몇 가지 하고자 하는 일이 있었는데 제일 급선무로 대한국 애국가 근작을 급히 ○○고 작곡하기로 그때 결심하였습니다. 저대로 부르는 애국가 음악 곡조는 처음 스캇취의 술 노래였는데 그 후 구주 여러 나라에서 별별히 불렀는데 어떤 나라에서는 사랑가로도 부르고 어떤 나라에서는 이별가로도 부르는데 참으로 신성한 대한국 애국가로서 그 곡조를 사용함은 대한국의 수치인 줄로 자각하였습니다.

이래 항상 애국가 근작에 고심하였습니다만은 그리 속히 성공치 못하였습니다. 실로 사천년의 장구한 역사를 가진 아시아주 한반도의 도덕국인 대한국 애국가이니 만큼 그리고 경솔히 작곡되는 것이 결코 아니었습니다. 과거 오년 간 구심근작하여 약 이년 전에 처음 절은 필하였습니다만은 후렴은 필하지 못하고 지나는 중 지난 11월 하루 어느 날 이른 아침에 실로 하나님의 암시로 후렴 전부를 근작하였습니다.

그 후에 유명한 음악가 몇 분에게 신작한 애국가를 보였는데 음악적 표현과 애국심 표현이 충실히 되었다는 세계적 음악가의 평과 또 동포 여러분의 충고로 더욱 자신을 얻어 대한국 애국가로 발표하기로 하였습니다.

음악의 위대한 힘이 실로 민족 운동과 혁명 사업에 대단한 활기와 도움을 주는 것은 과거의 역사가 증명하는 바라서 진실로 바라건대 이 신작 애국가도 우리 민족 운동과 애국정신을 돕는 데 대단한 도움이 되기를 성실히 바라는 바입니다.

대한국 애국가 해석

대한국 애국가를 부르실 때는 특히 애국가 말의 의미를 깊히 생각하면서 애국적 정신으로 활기 있게 장엄하게 부르시되 결코 속히 부르지 마십시오.

(…)

'동해물과 백두산이 마르고 닳도록 하나님이 보우하사 우리나라 만세'를 부르실 때에 장엄히 애국적 정신으로 엄숙히 부르시되 특히 동해의 '해'와 백두산의 '백'에 힘을 주고 또 하나님이 보우하사 우리나라 만세 에 더욱 힘 있게 충만한 애국심과 활기 있게 부르십시오.

후렴의 '무궁화 삼천리'는 힘 있게 부르되 크게 부르지 마시고 엄숙히 의미심장하게 부르며 '화려강산'부터는 화려한 O신과 깊은 애국심으로 부르고 이어 '대한사람 대한으로 길이 보전하세'는 처음 절 '하나님'과 같이 활기 있게 장엄히 부르십시오. 제2절은 제1절과 같은 의미로 노래합니다.

끝으로 금번 애국가 발행에 뉴욕의 안정수 씨 허진엽 씨, 시카고의 한장호 씨, 상항의 최진하 씨 기타 여러분 동포의 찬조와 많은 충고를 감사히 치하하는 바입니다.[2]

이렇게 본인의 작곡 노트를 놓고 보자면 안익태의 애국가는 1934년경 후렴을 제외한 상태였다가 1935년 11월 어느 날 아침 마침내 '하나님의 암시'를 받아 후렴까지 완성해 그 해 12월 말경 초연된 셈이다. 알려진 것처럼 이 새 애국가의 멜로디가 1938년 2월 더블린에서 초연된 〈코리아 판타지〉의 4악장의 주제로 사용된다. 허영한은 〈코리아 판타지〉는 1937년 3월 경 미국에서 완성되었을 것으로 보고 있다.[3]

1941년 1월 16일자 《신한민보》는 "임시 정부령은 애국가 곡조를 인준 - 국민회 창립 기념일부터 실시를 관하 각 지방에 통지"라는 기사를 싣고 있다. 기사 내용을 보자.

---

2 《신한민보》 1936년 3월 26일자.
http://db.history.go.kr/item/imageViewer.do?levelId=npsh_1936_03_26_v0002_0360
3 허영한(2009), 「한국환상곡」의 여행:1937년 미국에서 1946년 스페인으로」, 계간 《낭만음악》 제21권 제3호 (통권 83호), 2009년 여름호, p.184.

대한민국 22년도 제3회 중앙 집행 위원회 결의안 제25호는 애국가[동해물] 곡조 [올드 랭 슨]을 폐지하고 안익태 씨의 작곡을 사용할 것을 결정하고 동년 11월 26일 임시정부에 품청서를 올려 실시를 청원하였는데 임시정부는 동년 12월 25일 이를 전보로 인준하였음으로 중앙 상무부는 제5차 대표 대회에 ○○인준을 보고하고 애국가 곡조 안익태 씨 작곡 사용을 2월 1일 국민회 창립 기념일부터 실시할 것을 관하 각 지방회에 통지하였다.[4]

《신한민보》 1941년 1월 16일자

대한민국 임시 정부 공보 제69호

4 《신한민보》 1941년 01월 16일자.
http://db.history.go.kr/item/level.do?setId=44&itemId=npsh&synonym=off&chinessChar=on&page=1&pre_page=1&brokerPagingInfo=&position=36&levelId=npsh_1941_01_16_v0002_0220

그런데 막상 당시의 임정 공보 제69호를 보면 약간 다른 뉘앙스가 읽힌다. 《신한민보》 기사는 구 곡조 곧 〈올드 랭 사인Auld Lang Syne〉을 '폐지'하고 신 곡조, 곧 안익태의 곡을 사용하기로 한다는 의미다. 그리고 실제 이후 대한인 국민회 지부 행사의 식순에는 안익태 곡이 광범위하게 들어가 있다. 하지만 임정의 결정 내용은 "안익태 작곡의 애국가 신 곡조"의 "사용을 허가"한다는 내용이다. 즉 애국가의 복수성을 전제한 뒤 새 곡조를 불러도 좋다는 말에 가깝다. 더군다나 이 '허가'는 일반적으로 오해하는 것처럼 이 곡을 '국가國歌'로 인정하는지 여부와는 전혀 상관이 없다. 그래서 《신한민보》 보도처럼 구 곡조를 '폐지'한다는 의미로 읽히기엔 다분히 부족하다. 구 곡조의 폐지와 신 곡조의 사용 허가 사이의 미묘한 간극은 어떻게 설명되어야 할까? 살피건대 2차 세계 대전의 발발에서 독립운동의 새로운 활로를 찾고자 하던 미주 독립운동 단체 대한인 국민회로선 자신들이 출판 보급하는 신 곡조가 이를 위한 하나의 모멘텀이 되기를 갈망하는 주관적 기대가 자못 과도하게 투사된 때문이 아닐까 싶다. 아무튼 임시정부는 전후 귀국해서도 여전히 〈올드 랭 사인〉에 맞춰 〈애국가〉를 부른다.

大韓民國臨時政府公報 第69號

大韓民國 二十三年 二月 一日

臨時政府 秘書處 發行

◆ 國務會議 紀事 摘要

愛國歌 新曲譜 使用 許可

北美 大韓人國民會 中央執行委員會로붙어 安益泰가 作曲한 愛國歌 新曲譜의 使用 許可를 要求하였음으로 大韓民國 二十二年 十二月 二十日 國務會議에서 內務部로서 그의 使用을 許可하기로 議決하다.

샌프란시스코에서 발간된 안익태의 〈대한국 애국가〉 악보는 출판과 동시에 즉각적으로 경성 지방법원 검찰국이 발행하는《조선출판경찰월보》 제91호(36년 4월)의 〈조선문출판물차압목록〉에 등장한다.[5] 나오자마자 매우 신속하게 금지 품목에 오른 셈이다.《조선출판경찰월보》는 조선 총독부 출판 경찰에 의해 1928년 9월부터 1938년 11월까지 10년 가까이 발행된 일종

《조선출판경찰월보》 제91호(1936년 4월)의 〈조선문출판물차압목록〉

의 비밀 검열 자료이다.[6] 신문, 잡지, 단행본 등 거의 모든 출판물을 대상으로 검열이 이루어졌는데 특히 미국 내 출판물에 대한 '차압', 즉 압류는 그렇게 흔한 것은 아니었다.

---

5 국사편찬위원회 데이터베이스 (http://db.history.go.kr/item/imageViewer.
do?levelId=had_087). 35쪽의 자료 중 16쪽에 안익태가 나온다.
6 이상경(2006), 〈《조선출판경찰월보》에 나타난 문학작품 검열양상 연구〉, https://www.kci.
go.kr/kciportal/ci/.../ciSereArtiOrteServHistlFrame.kci?...artiId...

'프린스 리'는 누구인가?

1937년 11월 4일 안익태는 뉴욕을 떠나 유럽으로 향한다.[7] 1938년
2월 20일 더블린에서 〈코리아 판타지〉 초연이 예정되어 있었고 최종
목적지는 헝가리 부다페스트 리스트 음악원이었다. '애국가' 선율이 포

---

7 그런데 흥미롭게도 안익태가 1937년 11월 4일 유럽
으로 떠난 뒤, 1937년 11월 18일자로 주 대련 독일 영
사 에른스트 비숍Ernst Bischoff이 조선 총독부 외무 부
장 마쓰자와 다쓰오松澤龍雄 앞으로 "조선 출신 안익태
(Eak Tai Ahn)의 음악적 능력이 취(출)중한지 조사 의
뢰"하는 공문이 접수되었다. "독일국 정부 음악국 외무과
가 의뢰한 사안"인데 그 내용은 이렇다. "조선출신 Eak
Tai Ahn, 이 자가 독일 방송 협회의 국제 예술 교환회
에 스스로 신청한 자천장에 의하면 작곡가이자 음악 지
휘를 잘하는 첼리스트로서, 현재 (금년 8월) 북미 뉴욕시
Madison Avenue 347번지, 604호에 체재 중이며, 금
년 10월 영국 라디오 교향악을 지휘하고 그 후 파리, 부
다페스트 등에서 프리랜서 음악사로 편력…지급히 조사"
해 줄 것을 요청하고 있다. 이 조사 의뢰 문건만 놓고 보
면 안익태는 미국을 출발하기 전 독일 방송 협회 산하 국
제 예술 교환회에 무언가를 신청한 것이 분명하다. 그 신
청 서류는 음악국이 있는 제국 선전성으로 접수된 뒤 다
시 조선의 영사 업무까지를 관할하던 대련 독일 영사관
으로 이첩된 듯하다. 나머지 회신 서류 등이 확인되지 않
기 때문에 이 이상 확인할 방법은 현재로선 없지만 장
학금 관련이 아닌지 추측해본다. 하지만 부다페스트를

목적지로 하면서 왜 독일 쪽에 무언가를 신청했는지는 의문이 들 수밖에 없다 하겠다.
이 자료는 현재 《국가기록원》에서 볼 수 있다. http://theme.archives.go.kr/next/government/
viewGovernmentArchivesEvent.do?id=0001564902&docid=0027145795

함된 〈코리아 판타지〉는 더블린 게이어티 극장Gaiety Theatre에서 초연되었다. 아래는 그 극장의 현재 모습이다. 이때까지 안익태의 영문 이름은 Eak Tai Ahn이지 에키타이 안이 아니었다. 우리 나이로 33세 당시의 안익태다. 이 멋진 극장에서 연주된 환상곡의 마지막 4악장에 애국가의 선율이 포함되어 있었다.

일요일 공연을 앞두고 더블린에 도착한 안익태를 2월 15일 현지《아이리시 타임스The Irish Times》가 인터뷰를 했다.

더블린 게이어티 극장의 현재 모습

그런데 기자가 안익태의 말을 어떻게 알아들었는지 모르지만, 인터뷰 기사의 내용은 뭐라 할까 좀 괴이하다. 아래 인터뷰 내용을 보자. 먼저 안익태는 자신의 성장 과정에 대해 간략히 소개하고 있다.

어제 오전 더블린 방송 스튜디오에서 있었던 인터뷰 과정에서 안씨는 어릴 적 음악 공부에 대해 이야기했다. 약 20년 전 그의 나이 여덟 살 때 그가 태어난 조선에서 처음 바이올린 공부를 시작했는데, 그때만 해도 조선에는 서양 악기를 배우는 것은 극소수 학생들뿐이었다. 그는 바이올린 연주자인 미국 선교사로부터 첫 레슨을 받았다. 1~2년 후 그는 동경 음악원에서 공부하기 위해 떠났는데 여기에는 독일 교사로부터 1~2백 명의 학생들이 배우고 있었다. 여기에서 학업을 계속했지만 첼로로 옮겨가서 이 악기에 대한 특출한 능력으로 1930년 도미하게 된다. 그는 신시내티 음악원을 졸업했는데, 골도프스키Goldowskty, 리즈노프스키Liznowsky 외 다른 첼로 거장들을 사사했다. 그를 미국 청중들에게 솔로 첼리스트로 소개하는 데 중요한 역할을 한 이가 유진 구센스Eugene Goosens였다. 이후 그는 신시내티 교향악단에서 솔로이스트로 두각을 나타냈고 시카고, 필라델피아, 그리고 마지막엔 뉴욕의 카네기 홀에서도 연주를 했다.

그를 소개한 미국 음악 무대의 명성을 안고 안 씨는 유럽 대륙을 방문했고 빈에서 공부했다. 그때가 1935년이었는데, 잘 알려진 펠릭스 바인가르트너Felix Weingartner의 지원과 영향 하에서 지휘를 공부했다. 안 씨는 능력을 인정받아 많은 공연 약속을 받았는데 첫째는 첼리스트로서, 그 다음은 지휘자로서였다. 그의 첫 번째 두드러진 커미션은 부다페스트 교향악단에서 협주곡을 지휘하는 것이었다.

그의 원래 의도는 자신이 태어난 조선으로 돌아가 교향악단을 결성하는 것이었지만 전쟁이 일어나는 바람에 미국으로 돌아갔고 그래서 지금 다음 일요일 연주를 위해 여기에 오게 된 것이다."[8]

그런 다음 조선 음악에 대해 이렇게 말하고 있다.

안 씨는 조선 음악에 대한 많은 흥미로운 것들에 대해 말해 주었
다. 그는 스물여덟 살의 나이에 비해 놀라울 정도로 소년 같은 외
모에다 영어를 자유자재로 구사했다. 자신이 말하기를 도처에서
영어를 배웠고 그의 모든 삶과 열정으로 그랬다는 것이다. 그와 그
리고 2천만 조선인에게 음악이란 하늘이 내린 선물이다. 음악은 2
천년 훨씬 전에 이들의 첫 번째 황제와 더불어 직접 하늘에서 내
려온 것이다. 그것은 세월이 흐르는 동안에도 노래와 기악곡의 형
태로 충실히 보존되어 왔다. 비록 조선 음악에 대한 기록된 문헌
은 없지만, 세대와 세대를 걸쳐 내려온 헤아릴 수 없을 정도의 민
속 음악이 남아 있으며, 여기에는 장례, 혼인, 춤, 행진곡 그리고 다
른 행사를 위한 곡들이 포함되어 있다. 안 씨 자신도 조선과 헝가
리 민속 음악 사이에 강한 유사성을 알고 있다. 서양 음악처럼 조
선 음악에도 정해진 음높이가 없다. 중국처럼 조선 음악의 옥타브
도 스물세 개 혹은 스물네 개의 음계로 분할된다. 서양과는 구분되
는 서로 다른 종류의 마흔일곱 개의 악기로 구성되는 악단이 있다.

안익태는 조선인들이 자신들의 국가를 〈올드 랭 사인〉에 맞춰 부른

---

8 《The Irish Times Tuesday》, 15 Februry 1938, (이 책의 부록1).

다고 하면서 '마르코 폴로(!)' 아니면 초기 선교사들이 이 곡조를 조선에 가져온 게 아닌가 싶다고 말한다. 또 자신이 새 〈애국가〉의 작곡자임을 밝히고 있다.

> 안 씨 자신이 어떤 진지한 작품을 출판한 첫 번째 작곡가다. 5년 전 그가 공부하던 시절에 알게 된 흥미로운 것으로 조선인들이 자신들의 국가를 〈올드 랭 사인〉 노래에 맞춰 부른다는 것이다. 물론 조선어로 말이다. 어째서 그런지 물어보자 이미 수백 년 전부터 그랬다는 것인데 그가 생각하기에 이 곡조가 마르코 폴로 아니면 초기 선교사들이 조선에 가지고 온 것이 아닐까 싶다는 것이다. 그 자신이 새로운 애국가 노래를 작곡했다. 여러 다른 작품들 가운데 대형 오케스트라를 위한 환상곡이 다음 일요일 아일랜드 라디오 오케스트라에 의해 연주될 것이다. 일본이 금지시켰기 때문에 조선에서는 연주될 수가 없다.

이어서 안익태는 아일랜드와 조선의 독립 투쟁을 얘기한다.

> 백합의 나라가 아일랜드에 대한 그들의 명칭이다. 조선인 자신들도 금세기 초 러일 전쟁 이후 국권을 상실하고 일본 지배하에 놓이게 된다. 그러나 독립을 회복하기 위해 노력하는 강력한 민족주의 의견이 존재하는데, 2천년 동안 나라를 통치해 온 황제의 직계손인 프린스 리Prince Li가 그 지도자다. 민족주의자 다수는 정치범으로 수감되어 있고 이 나라는 자신들의 자유를 회복시켜 줄 동방

에서의 사태 진전을 기다리고 있다.

안 씨가 말했다. '우리는 누구와도 싸우길 원치 않는 평화 애호적인 사람들이다. 하지만 이웃을 괴롭히는 이웃의 방해 없이 우리 자신의 삶을 영위할 수 있도록 그냥 내버려두기만을 바랄 뿐이다. 우리나라는 자주적이며, 농업 국가이고 산물은 넘쳐 난다. 또 금광도 탄광도 또 다른 광물도 있다. 대체로 우리나라 사람은 쌀만 먹는 것은 아니다. 나는 특히 아일랜드 스튜와 같은 음식이 우리 조선인들의 것과 비슷하다는 걸 알고 흥미로웠다.'

그는 '나는 특히 아일랜드에 관심이 많다. 왜냐하면 조선이 지금 일본 치하에서 겪고 있는 그런 똑같이 비극적인 정치적 조건을 당신네 나라들이 견뎌온 점이 특히 관심이 간다. 우리 2천만 동포들이 일본 치하에 있지만 독립을 위한 정치 투쟁이 매일 일어나고 있고, 모든 조선인들이 가장 열망하듯이 나 역시 나의 조국이 곧 지금의 당신네 나라처럼 독립국이 될 것을 바라고 있다.'라는 말로 마무리했다.[9]

이미 1937년 아시아에서는 중일 전쟁이 발발하고, 유럽 또한 세계 전쟁으로 치닫는 상황이었다. 그런데 〈코리아 판타지〉 세계 초연의 현장에서 뜬금없이 등장한, "2천년 동안 나라를 통치해 온 황제의 직계손인 프린스 리Prince Li"는 도대체 누구인가? 평소 이승만은 자신을 왕가의 후손이라고 자처하고 다녔다는 '소문'이 있다. 또 그는 임시 정부 초대

---

9 《The Irish Times》(1938) (이 책의 부록1).

대통령이었다. 그렇다면 이승만이 바로 그 '프린스 리'일까? 이제 막 서른을 넘긴 음악 청년 안익태의 조선사에 대한 지식이 대단치 않을 거라는 점은 이해할 만하다. 하지만 단기를 사용하던 당시 민족사는 대개 '5천년'으로 기산되므로 '2천년'은 차라리 일본의 황기에 가깝다. 그리고 한반도의 어떤 왕조도 2천년을 이어온 바 없다. 그래서 지금으로선 '프린스 리'가 안익태의 민족의식의 반+봉건성을 이루는 하나의 원형질이 아닐까 하는 추정만이 가능할 뿐 더 이상은 현재 확인할 길이 없다.

당일 더블린 초연의 프로그램은 〈코리아 판타지〉를 이렇게 해설하고 있다.

> 교향 환상곡 1번 — 코리아 (익태 안 Eak Tai Ahn) 작품번호 15 (op.15)

> 환상곡은 4악장으로 나누어지며 2, 3악장 사이에 휴식 시간이 있다. 먼저 관현악 총주에 의해 서곡이 시작되면 솔로 호른이 단군 황제가 하늘로부터 내려옴을 알린다. 한국 역사에 따르면 오랜 옛날 첫 황제가 하늘에서부터 백두산(한국 북쪽 끝에 위치한 흰 산)에 강림하였다. 전 관현악이 한국 산천의 수려함과 나라의 위대함을 연주한다. 목가가 이어지는데 솔로 오보에(새납)가 하프 반주에 실려 한국의 아름다운 전원생활을 표현한다. 새납은 한국의 전통 목관 악기 중의 한 가지로서 5세기에 기원하였고 입술로 연주된다. 서양 오보에보다 다소 작은 크기지만 훨씬 날카롭고 격렬하다. 이에 론도(아리랑)가 뒤따른다. 짤막한 동기부가 지나면, 한국인들이

매우 애호하는 즐거운 곡조의 한국 옛 론도(아리랑 타령)가 등장한다. 솔로 클라리넷이 타악기 반주를 동반하여 민속 무곡을 연주한다.— 이는 리듬과 선율 측면에서 가장 한국 음악적이고 서양의 무곡과는 완전히 다르다. 솔로 클라리넷은 6/8박자를, 타악기 군은 2/4박자를 갖는다. 3악장은 한국의 마지막 황제인 고종 황제의 장례 음악으로 시작되는데 이는 현악기에 의해 연주되며 아름다운 삶이 파괴되고 조국이 상실된 데에 대한 전 민족의 깊은 슬픔을 나타낸다. 이어지는 소녀의 기도는 먼저 솔로 클라리넷에 의해, 나중에는 하프 반주를 동반한 솔로 오보에에 의해 연주되는데 이역시 한국 옛 민속 선율 중의 하나로써 그대로 차용되었다.

4악장의 주제는 미스터 안 자신의 창작곡인 새 한국 국가이다. 흥미로운 점은 한국인들이 여러 세기 동안 국가의 곡조로써 〈올드 랭 사인〉을 사용했다는 사실이다. 이 악장은 국가의 억눌림, 1920년의 혁명을 묘사하고 있으며, 자유를 위한 행진곡으로 마무리된다."[10]

악보와 음원이 없는 상태인지라 작품 해설만 놓고 보면 지금 우리가 알고 있는 〈코리아 판타지〉와는 차이가 있음을 알 수 있다. 아무튼 이 초연에 대해 당시 현장의 음악 평론가 해롤드 W. 화이트는 이렇게 평했다고 한다. "작곡자의 상상력과 기교에 비해 다루고자 하는 테마가 지나치게 컸고 서주 부분은 들을 만했으나 첫 두 악장에서는 단 한 번도 침착한 처리를 볼 수 없었다. 또한 주제는 짤막했는데 힘차게 전개되다

10 이 해설문은 송병욱(2008), 「더블린 초연 현장을 말한다」, 월간 《객석》 2008년 2월호, p.90.

가 갑작스레 중단되어 듣는 이를 당혹스럽게 만드는 등 그 취급이 허술했고, 모든 대비(contrasts)는 과격하고 극단적이었으며, 타악기 사용도 별반 인상적이지 못했다." 이어서 "악기의 조합, 예컨대 클라리넷, 오보에, 하프의 사용에서 작곡가의 색채감을 느낄 수 있었고, 작곡가가 조금 덜 욕심을 부렸더라면 보다 나은 음악을 만들 수 있었을 것"이라고 썼다.[11] 이러한 음향적 '과잉', 어쩌면 〈코리아 판타지〉라는 탯줄에 반점 같은 것이 아닌지 다시 한 번 곱씹어본다.

---

11 송병욱(2008), p.93.

03
더블린에서 베를린으로

　　허영한의 조사에 따르면 더블린 초연 이후 안익태는 그 해 1938년 10월 헝가리 리스트 음악원으로 가서 1940년 4월까지 여행 기록이 없다. 이후 1940년 4월 30일 로마 공연을 시작으로 활동을 재개 1941년 연말 베를린으로 이주하면서 드문드문 연주 여행을 이어가는 수준의 활동을 보인다. 그 사이 유럽의 정세는 본격적인 세계 대전으로 확전되었다. 1939년 9월 독일의 폴란드 침공으로 개전된 2차 세계 대전은 1940년 6월 파리 함락과 더불어 프랑스가 나치 독일에 항복하게 되었다. 1941년 6월 22일을 기해 독소 전쟁獨蘇戰爭이 개시되었다. 독일, 이태리, 일본은 1940년 9월 27일 삼국 군사 동맹을 체결한다. 아시아·태평양 지역은 이미 중일 전쟁이 인도차이나로 확산되어가는 과정에 1941년 12월 7일 일본의 진주만 공습으로 마침내 미일 전쟁이 발발한다. 그래서 전 세계가 전화에 휩싸인 가운데, 유럽 역시 연합국 대 추축국으로 양분되어버렸다.

　　아래 표는 더블린 초연 이후, 즉 1938년부터 1944년까지 안익태의 유럽 행적을 정리한 것이다.[12] 당장 눈에 띄는 것은 '세계적인' 지휘자 안익태의 세계적인 활동의 거의 전부가 추축국과 나치 독일의 점령지인 파리에 한정되어 있다는 점이다. 즉 이 시기 안익태는 에키타이 안으로서 추축국 순회 지휘자였다. 유일한 예외가 스페인이라 하겠는데 이 시기 스페인은 프랑코 파시스트 독재 하에 있었다. 비록 연합국이나 추축국 어디에도 가입하진 않았지만 스페인은 사실상 추축국 편에 서 있었다고 해도 무방하다. 에키타이 안은 이 기간 추축국, 점령국, 그리고 우호국인 스페인 등지에서 약 30회의 지휘를 했고, 연주곡목은 〈코리아 판타지〉, 〈교쿠토極東〉, 〈만주국〉, 〈토아東亞〉 등인데, 가장 빈번히 지휘한 곡은 〈에텐라쿠越天楽〉였다.

일시	장소	일본 관련 주요 연주 작품	추축국(추),점령국(점),우호국(우)	비고
1938. 2. 20	더블린	코리아 판타지	아일랜드	
1938. 6. 27	부다페스트	코리아 판타지	헝가리(추)	1940.11.20 추축국 가입
1940. 4. 30	로마	연주곡명 미상	이태리(추)	'에키타이 안' 이름 등장
1940. 5. 25	베오그라드	에텐라쿠, 코리아 판타지	유고슬라비아(추)	1941.3.25 추축국
1940. 9. 4	부다페스트	에텐라쿠, 코리아 판타지	헝가리(추)	
1940. 10. 19	소피아	에텐라쿠, 교쿠토	불가리아(추)	1941.3.1 추축국 가입 (*1940. 9. 27 3국 동맹 체결)
1940. 11. 3	부쿠레슈티	에텐라쿠, 교쿠토	루마니아(추)	1940. 11. 23 추축국 가입
1941. 7. 11	베를린		독일(추)	여름 화훼 전시회
1941. 10. 10	부다페스트	에텐라쿠, 교쿠토	헝가리(추)	
1941. 11. 2	부쿠레슈티	에텐라쿠, 교쿠토	루마니아(추)	
1942. 2. 6	하노버	에텐라쿠	독일(추)	

12 표를 정리함에 있어 허영한(2009), 이경분(2007) 등을 주로 참고하였다.

1942. 3. 12	비엔나	일본 축전곡	오스트리아(추)	
1942. 9. 18	베를린	에텐라쿠, 만주국	독일(추)	
1942. 11. 22	바르셀로나	에텐라쿠	스페인(우)	
1942. 11. 25	바르셀로나	교쿠토	스페인(우)	
1942. 12. 20	발렌시아	일본 국가	스페인(우)	일본 작품 없음
1942. 12. 3	마드리드	에텐라쿠	스페인(우)	
1943. 1. 3	마드리드	에텐라쿠, 토아	스페인(우)	
1943. 2. 11	비엔나	만주국	오스트리아(추)	
1943. 3. 30	파리	만주국	프랑스(점)	3. 14 일본 축전곡
1943. 4. 22	함부룩		독일(추)	
1943. 5. 13	로마	만주국	이태리(추)	
1943. 8. 18	베를린	에텐라쿠	독일(추)	베를린 필
1943. 10. 12	파리	만주국	프랑스(점)	비시 정부
1943. 11. 17	바르셀로나	베토벤	스페인(우)	베토벤만 연주
1943. 12. 3	마드리드	에텐라쿠, 베토벤	스페인(우)	
1944. 2. 8	부쿠레슈티	만주국	루마니아(추)	
1944. 3. 10	바르셀로나		스페인(우)	베토벤만 연주
1944. 3. 12	바르셀로나	에텐라쿠	스페인(우)	
1944. 4. 14~21	파리	베토벤 축제 3회 연주	프랑스(점)	비시 정부

안익태-에키타이 안의 전시 유럽 연주 활동 일람표(추:추축국, 점:점령국, 우:우호국)

여기서 주목할 만한 연주회가 유럽시간으로 일본 명치절인 1941년 11월 2일의 루마니아 부쿠레슈티 연주회였다. 안익태의 유럽 활동과 관련해서 조선 총독부 문서철에 등장하는 유일한 연주가 이날 연주다. 진주만 공습을 한 달 앞둔 소화 16년(1941년) 11월 14일 일본 외무성 구아국歐亞國(유럽·아시아국) 국장이 조선 총독부 외사부(외무과와 척무과로 구성된 외무 관련 총독부 부서)부장에게 보낸

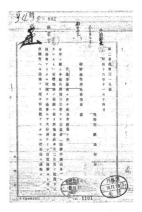

1941년 11월 14일 일본 외무성 구아국(유럽·아시아국) 국장이 조선 총독부 외사부 부장에게 보낸 공문

공문이다. '안익태의 나국羅國(루마니아)에서의 연주회 개최의 건'이라는
제목을 단 공문의 내용은 이렇다.

> 주 루마니아 일본 공사 쓰쓰이가 조선 평양 출신의 안익태가 부쿠
> 레슈티 교향악단의 초청을 받아 현지를 방문, 그 달 11월 2일 그의
> 지휘 하에 연주회를 성황리에 마쳐 대호평을 받았다는 취지의 보
> 고를 보냈습니다. 이를 남 총독에게도 통보해 주시기를 바랍니다.

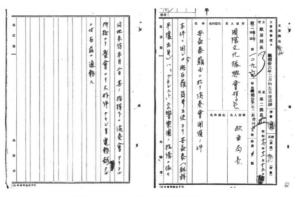

주 루마니아 일본 공사관에서 일본 외무성 구아국장에게 보낸 공문

여기에서 남 총독이란 관동군 사령관 출신 조선 제7대 총독 미나미
지로南次郎를 말한다. 중일 전쟁의 지속과 태평양 전쟁을 앞두고 본격적
전시 동원 체제 구축에 나서 창씨개명, 내선일체, 학병 강요 정책을 만
든 사람이다. 종전 후 A급 전범으로 종신형을 선고 받았다. 안익태의 연
주 여행을 현지 일본 외교 공관이 모니터링하는 것은 당연하다. 그런데
왜 이 날의 연주회만 조선 총독에게까지 보고되었는지는 여전히 의문이

다. 특히 이 날 부쿠레슈티 연주가 에키타이 안에게 각별한 이유는 바로 에하라 고이치와의 만남이 이루어졌기 때문이다. 그날의 이 만남이 어떠했는지 들어보기로 하자.

1942년 가을[13] 나는 공무로 루마니아 부쿠레슈티에 있었다. 명치절[14]아침 일본 공사관 의식에 참석했다, 그곳에 기미가요 제창 때 피아노를 연주하는 흰 넥타이를 맨 청년이 있었다. 마르고 키가 크고 보기에 호감을 갖게 하는 인상이었다. 식후에 T 공사[15]로부터 그가 당시 유럽 유학 중인 지휘자 겸 작곡가 안익태 군이라는 소개를 받았다. 안 군은 당일 오후 연주회를 지휘하기로 되어 있다면서 나를 연주회에 초대하였다. 다행히 휴일이었고[16] 특별히 예정된 것도 없었으며 연주회장도 내 숙소에서 코에 닿을 거리인 왕립 음악당이었기 때문에 나는 흔쾌히 그 초대를 받아들였다.

음악당은 만원이었다. 곡목은 자작곡인 〈월천악〉[17]과 베토벤의

---

13 1942년이라는 연도는 에하라의 착오다. 이 글의 뒷부분에서 나오듯 "독소 전쟁이 개시되는 해"부터 베를린에서 같이 살았다고 되어 있는데 독소 전쟁의 개전은 1941년 6월이다. 에키타이 안이 두 번째 부쿠레슈티 연주회를 가진 날은 1941년 11월 2일이다. 명치절이 11월 3일이지만 시차를 감안하면 하루 당겨 11월 2일이 현지 시간으로 명치절이 되는 것이다. 또 하나 아래에서 에하라는 이 날 안익태가 〈에텐라쿠〉와 베토벤의 〈교향곡 6번〉을 연주했다고 하나, 연주회 프로그램에는 로시니의 〈세헤라미데 서곡〉, 바흐 〈토카타와 푸가 C 장조〉, 〈에텐라쿠〉, 그리고 후반부에는 안익태 작곡의 〈먼 동양에서〉를 연주했다고 되어 있다. 바로 이 〈먼 동양에서〉가 〈코리아 판타지〉의 또 하나의 이름 〈교쿠토極東〉이다. 그런데 왜 에하라가 그 날 안익태가 베토벤 6번 〈전원 교향곡〉을 지휘한 걸로 기억했는지 알 수 없으나, 추측건대 그날 곡 해설에 '전주곡', '전원', '춤', 이렇게 3악장으로 되어 있어 이런 착오가 발생했지 않을까 싶다.
14 일본의 이른바 4대 명절 중 하나. 1월 1일, 개국조인 진무 천황의 생일인 2월 11일은 기원절, 쇼와 천왕 생일인 천장절은 4월 29일, 메이지 천왕의 생일은 명치절로서 11월 3일이다.
15 당시 루마니아 주재 쓰쓰이 키요시筒井潔 공사를 말한다. 이 글에 나오는 일본 외무성 보고 문건을 작성한 사람이다.
16 1941년 11월 2일은 일요일이었다.
17 이 책의 아래 〈에텐라쿠〉 장을 참조.

〈교향곡 6번〉이었다. 조선에서 태어난 안 군이 〈월천악〉을 교향곡화한 것에 대해 약간 기이한 감이 없지 않았지만, 조선의 궁정에 다수의 아악이 보존되어 있다는 것을 생각해 볼 때, 우리들보다 아악에 대해 친밀하고 깊이 있게 알고 있지 않을까 하는 등의 소박한 상상을 했다. 특히 나로선 극동의 한 음악 생도가 얼마나 큰 성공을 했는지를 지켜보는 것도 흥미로웠기에, 나는 정해진 시각에 지정된 자리에 앉았다.

(…)

연주가 끝나고 내가 물품보관소 옷장에서 외투를 받아들려 하자, 검은 드레스를 입은 루마니아인 부인이 다가와 내게 말을 걸었다. '오늘 음악은 어떻던가요? 저 동양의 멜로디! 그 동양의 테크닉!' 하고 감탄하더니, 이내 스스로 놀라며, '죄송해요. 제가 감격해서 그만… 무의식중에 지휘자와 같은 나라 사람인 줄 알았어요. 근데, 정말 근사한 공연이었어요!'라며 수줍게 웃었다. '저도 오늘 처음 들었습니다만, 실로 유쾌했습니다.'라고 맞장구쳤다. 그러자 부인은 '그래요. 베토벤 연주도 물론 꽤나 대단했어요. 그러나 우리는 베토벤 곡은 많이 들어봤기에, 아무래도 둔감해진 측면이 적지 않아요. 그러나 극동의 음악은 어떻게 이렇게나 근사할 수 있죠! 맞아요. 이렇게나 감격한 사람은 저뿐만이 아닐 거예요. 오늘 이곳에 온 모든 이들이 그럴 거예요. 정말 좋은 음악회였어요!'라고 말했다.

문밖으로 나서자, 광장 멀리 왕궁의 지붕 끝에 남국의 석양이 남아 있었다. 넓은 포장도로를 걸으며, 마음속으로 나도 모르게 '오늘은 정말이지 경축일일세.'를 연신 반복하고 있었다.

안 군은 국립 동경 음악학교를 졸업하고, 미국으로 건너가 그곳에서 고학하는 사이, 필라델피아 콩쿠르에 입선하여 유럽 유학의 기회를 얻었다. 유럽에서 안 군은 빈에서 바인가르트너에게서 지휘를 지도받고, 부쿠레슈티에서 코다이Zoltan Kodaly로부터 작곡을 공부했다. 유학 기간이 지나간 뒤에도 미국의 어떤 노 은행가로부터 송금을 받아[18] 그럭저럭 연구를 이어나가다가, 전쟁으로 인해 송금이 불가능해졌다. 하지만 유럽에 머물며 공부를 계속하고 싶었던 안 군은 나에게 상담을 받고자 찾아왔다. 안 군을 아는 사람이라면 어떻게 해서라도 그의 대성을 돕는 걸 바라지 않는 사람이 없었으나, 우리의 작은 힘이라도 보탤 좋은 지혜가 떠오르지 않았다. 그러다가 '어찌되든 내 집에 오면…', 하는 생각으로 독소 전쟁이 시작되던 해부터 베를린에서 그와 함께 살게 되었다.[19]

그렇다. 지금까지 안익태 연구에서 블랙박스로 남겨져 있었던 안익태의 베를린 행에 대한 의문이 어느 정도는 해소된 셈이다. 부쿠레슈티 연주 이후 어느

베를린 호숫가의 에하라 고이치의 사저의 지금 모습

---

18 이 또한 확인이 안 되는 말이다.

19 에하라 고이치, 〈안익태 군의 편모〉(이 책의 부록3) 참조.

날 그는 부쿠레슈티에서 베를린에 있는 에하라 고이치의 사저로 들어간 것이다. 그런데 에하라가 말한 대로 이 일은 안익태가 '나에게 상담을 받고자 찾아' 와서 시작된 것일까, 아니 그것이 전부일까라는 의문은 완전히 해소되지 않았다. 왜냐하면 안익태 측의 진술이 빠져 있고 에하라 고이치가 누구인지 여전히 미궁이기 때문이다. 전시의 만주국 고위 외교관이 안익태를 그저 '대성'시키기 위한 순수한 마음으로 자신의 사저로 불러들여 먹이고 재우고 했다면 '내선일체'의 참으로 눈물겨운 미담이 아닌가.

그러면 에하라 고이치는 누구인가

에하라 고이치江原綱一(1896년-1969년)는 동경제대 법학부를 졸업한 뒤 중국 세관에서 근무하다 만주국 건국 이후 하얼빈특별시 부시장을 역임했다. 독일이 만주국을 승인한 1938년부터 주 베를린 만주국 공사관 참사관으로 부임한다. 당시 만주국은 베를린에 공사관을, 함부르크에는 총영사관을 설치했다. 만주국 외교관 에하라 고이치는 독일이 패망한 직후인 1945년 7월 잔류 만주국 관계자 열한 명을 인솔하고 소련군 보호 하에 모스크바를 경유하여 귀국길에 올랐다. 하지만 그는 만주국 공무원이었던 이유로 만주에 일시 억류되어 그 다음해에 일본으로 돌아왔다. 이후 그는 동경에서 변호사로 활동하다 1969년에 사망한다.[20]

반면 주 베를린 만주국 공사관 공사 여의문呂宜文은 일본 명치대를 졸업하고 만주국 외교부 사무관으로 근무하다 만주국 국무총리 비서관, 만주국 통화성通化省 성장을 거쳐 1938년 8월 16일자 주 독일공사로 발령받아 1945년 5월까지 재임했다. 전후 여의문 공사는 귀국 후 체포되

---

20 http://www.saturn.dti.ne.jp/ohori/sub-ehara.htm

어 1946년 5월 11일 운남성 고등 법원에서 사형 선고를 받는다. 당시 사형 판결문 주문은 "적국과 통모하여 본국에 반역을 도모하였기에 사형에 처한다. 죽을 때까지 공민권을 박탈하며, 유가족의 필수 생활비를 제외한 전 재산을 몰수한다."라고 되어 있다. 하지만 그가 처형당한 것은 1950년 10월 인민 해방군의 운남성 소탕 작전 때였다. 성장급 이상은 사형에 처했던 '한간漢奸', 즉 친일파 처리 법 규정에 따른 것이었지만, 다수 만주국 고위 관료가 국공 내전 때 살아남았다는 것을 감안할 때 좀 불운했던 건 아닌가 싶다.[21] 아래 사진의 왼쪽은 여의문, 오른쪽은 에하라 고이치, 그리고 가운데가 독일 외무장관 립벤트롭이다. 종전 후 립벤트롭 역시 A급 전범으로 사형 선고를 받고 집행되었다.

왼쪽부터 여의문, 립벤트롭, 에하라의 사진과 서명

독일의 한국학자 프랑크 호프만Frank Hoffmann은 에하라 고이치의 실체와 관련해 CIA가 기밀 해제한 미 육군 유럽 사령부 정보국(U.S. Army, European Command, Intelligence Division)의 문건 〈2차 대전 기간 전시 독일의 외교 및 군사 정보 활동 보고서(Wartime Activities of the

---

21 http://www.wikiwand.com/zh-jk/呂宣文

German Diplomatic and Military Services during World War II〉를 발굴하여 제시한다. 이 내용은 전후 미 육군 정보국에서 전직 독일과 일본의 정보 장교들의 진술을 통해 밝혀진 것이다.[22]

에하라

베를린 공사관 참사관

에하라는 베를린 만주국 공사관에서 근무했다. 그는 주독駐獨 일본 정보기관(IS)의 총책이었다. 그는 주 폴란드 정보기관(IS)과 공동 작전을 수행했다. 바이라우흐Weirauch에 의하면 에하라는 처음에는 러시아, 다음에는 독일에 대항해 폴란드 IS와 일했다

일단 이 기밀문서에서 확실한 것은 주 베를린 만주국 공사관 참사관은 에하라 고이치의 위장된 타이틀이며 실제 그는 일본 정보기관(Intelligence Service)의 독일 총책(Head)이었다는 사실이다.

22 Frank Hoffmann(2015), The Berlin Koreans, 1909–1940s, in Frank Hoffmann with an introduction by Andreas Schirmer, Berlin Koreans and Pictured Koreans, Wien 2015, p.111 이 문서의 원래출처는 아래와 같다. U.S. Army, European Command, Intelligence Division, "Wartime Activities of the German Diplomatic and Military Services during World War II," 1949, U.S. National Archives,
IWG, Records of the Central Intelligence Agency, Record Group 263, RC Box #08, RC Location 230/902/64/1 (declassified and released by the Central Intelligence Agency Sources Methods Exemption 3828 Nazi War Crimes Disclosure Act, 2007), 80.
276 Office of Strategic Services, SI Istanbul, "Japanese Intelligence and Propaganda in Turkey," 15 January 1944, document 0004 of folder "Japanese in Europe (WWII)," U.S. National Archives, IWG, Records of the Central Intelligence Agency, Record Group 263, RC Box #39, RC Location 230/86/25/06 (declassified and released by the Central Intelligence Agency Sources Methods Exemption 3828 Nazi War Crimes Disclosure Act, 2005), 5.

SECRET

6. Personalities

JAPAN

AOKI
Secretary Of the Japanese Embassy at ANKARA

AOKI worked for the Japanese IS. He cooperated with VI-C/3 in TURKEY
and took over that net when diplomatic relations between GERMANY and
TURKEY were severed.

EHARA
Counsellor of the Embassy in BERLIN

EHARA worked at the Manchukuo Embassy in BERLIN. He was considered head
of the Japanese IS in GERMANY. He cooperated with the Polish IS. Accord-
ing to WEIRAUCH, EHARA first worked with the Poles against RUSSIA and then
against GERMANY.

EMURA

미 육군 유럽 사령부 정보국, 〈2차 대전 기간 전시 독일의 외교 및
군사 정보활동 보고서〉 중에서 에하라 고이치에 관한 정보

당시 일본의 유럽 첩보망의 정점에는 주 스웨덴 일본 공사관 무관이
자 육군 소장 오노데라 마코토小野寺信(1897 -1987)가 위치해 있었다.[23]
오노데라의 첩보는 항상 베를린을 거쳐 일본으로 타전되었다고 한다.
일본의 재외 공관을 통해 수집된 정보가 전달되는 경로는 전후 소련군

---

23 "이와테 현에서 농업에 종사하던 부모 아래 장남으로 태어난 오노데라는 1919년에 육사 31
기로 졸업한 후 12월에 소위로 임관해 보병 제 29연대에 배속되었다. 1928년에 육군 대학을 40
기로 졸업한 뒤 보병 제 29연대 중대장으로 취임한 그는 1930년에 육군 보병 학교 교관을 거쳐
만주의 참모 본부에서 일하면서 소좌로 승진했다. 1935년에 라트비아 공사 주재 무관으로 유럽
으로 건너 간 오노데라는 1937년에 에스토니아, 리투아니아 공사무관을 겸임하고 11월에 중좌
로 승진했다. 1938년 6월에 참모 본부로 돌아와 10월에 중지나 파견군 소속으로 상하이에서 활
동한 오노데라는 특무 기관장으로 활동했다. 1939년엔 육군 대학 교관으로 취임하면서 대좌로
승진했다. 1940년 11월에 스웨덴 공사 무관으로 발령받아 1941년 1월에 스톡홀름에 부임해 현
지에서 태평양 전쟁을 맞이한 오노데라는 1943년에 소장으로 진급했다. 이 때 게슈타포의 첩보
책임자였던 발터 쉘렌베르크와 함께 화평 공작을 진행하기도 했다. 전후인 1946년 3월에 일본으
로 돌아온 오노데라는 GHQ에 의해 체포되어 7월까지 스가모 형무소에서 수감되었다. 석방된 오
노데라는 아내인 유리코와 함께 번역 일에 종사하면서 여생을 보냈는데 스웨덴 문화 보급 전도사
로 활동하기도 했다."
(http://postfiles1.naver.net/20091126_240/mirejet_1259213436597Mkvak_jpg/오노데
라_mirejet.jpg?type=w2) 그가 첩보 활동을 통해 수집한 기밀정보를 일본국내에서는 〈ブ情報
(브정보)〉로 파일링해서 분류했는데 상당히 고급 정보로 취급되었다. 특히 2차 대전 말 얄타 회
담의 밀약에 따라 독일 항복 90일 뒤 소련이 일소 중립 조약을 파기하고 대일 참전할 것이라는
최고 기밀정보를 일본에 타전하기도 했다.
https://ja.wikipedia.org/wiki/%E5%B0%8F%E9%87%8E%E5%AF%BA%E4%BF%A1

에 체포된 관동군 참모부 제2부 부장 아사다 사부로 대좌의 심문 기록을 통해 대략을 알 수 있다. 아래는 종전 후 1946년 8월 1일 체포된 관동군 제2과(정보 담당) 고위급 참모 아사다 사부로가 소연방 국가 보안성 제3방첩 본부 상급 예심 판사 해군 대위 렙신의 심문에 답한 심문 기록이다.

당신은 일본군 참모 본부에서 근무한 적이 있습니까?

그렇습니다. 1936년 3월부터 1940년 9월까지 나는 일본군 참모 본부 제2국(정보담당 제4부. 나중에 제5부, 즉 러시아부로 명칭이 바뀐다)에서 근무했습니다. 1941년 9월부터 1943년 7월까지는 참모본부 제2국 제8부 대소 선전 과장으로 있었습니다. 제8부에서는 다른 모든 부에서 오는 자료를 모아 국제 정세를 분석했습니다. 그 외에 제8부에서는 세계의 모든 나라에 대한 선전 활동을 담당하고 있었습니다.

(…)

모스크바의 일본 대사관이 어떤 첩보 활동을 했는지 말해 주세요.

모스크바의 일본 대사관은 정해진 규칙에 따라 일본에 전보나 문서를 통해 보고를 했습니다. 이러한 전보나 문서 형태의 보고는 외무성을 거쳐 참모 본부로 들어왔습니다. 가령 군사, 정치, 또는 경제 관련 정보 자료를 포함한 대사관 전보는 모두 일본 참모본부

제2국 제5부로 들어왔던 것이지요. 대사관에는 주 재무관 한 명과 대사관원으로 위장한 군인이 있었던 것으로 알고 있습니다.[24]

일본 대본영 육군부의 편제로 볼 때 유럽에서 타전되는 정보는 일본 제국 대본영 육군부 제2부(정보) 제6과(구미, 미국 담당)로 접수되었을 것이다.[25] 바로 그 베를린 총책이 에하라 고이치였다. 에하라는 어떤 때는 독일인, 조선인, 그리고 학자와 예술가들을 망라하는 약 300명의 다양한 직업의 정보원을 관리했다고 한다.[26]

그 중에 한 명이 조선 출신 일본 무용가 박영인朴永仁, 즉 쿠니 마사미였다.[27] 일본명 고노에 마사미江原正美, 쿠니 마사미邦正美는 예명이었다. 굳이 짚자면 '나라를 대표할 올바른 아름다움' 정도로 새길 수 있겠다. 하지만 당시 현지에서 안익태가 에키타이 안이었듯이, 박영인은 쿠니 마사미였다. 그리고 그 역시 국내에서는 안익태처럼 해외 조선인 예술가로 소개되고 있었다. 예를 들어 "世界에 빛나는 우리의 또 한 存在 ; 舞踊

24 호사카 마사야스(2016), 《쇼와육군》, (서울: 글항아리, 2016), p. 871이하. 번역에 약간의 혼선이 있다. 일본제국 대본영은 육군부, 해군부로 나뉘는데 이는 다시 제1부 작전, 제2부 정보 식으로 나눠지고 그 아래에 과가 있다. 즉 국국-부부가 아니라 부부-과課체제였다. https://ko.wikipedia.org/wiki/%EB%8C%80%EB%B3%B8%EC%98%81

25 위키피디아 〈대본영〉항목 참조.

26 Hoffmann(2015), p.112.

27 "舞踊에 있어서는 東京帝國大學을 졸업하고 伯林國立舞踊大學을 졸업한 후 歐羅巴에서 34회의 公演을 하여서 호평을 博한 일이 있는 朴永仁군이 있는데, 氏는 현재 洪牙利 王室舞踊會에도 入籍해 있다. 舞踊말이 났으니, 純朝鮮舞踊을 체계 있게 獨逸에 紹介한 功勞者의 한분으로 崔承喜女史를 우리는 무시할 수 없다. 이 점에 있어서 朴永仁씨는 理論的으로 紹介한 功勞가 크다 할 것이다."(姜世馨 朝鮮文化와 獨逸文化의 交流삼천리 제13권 제6호. 1941년 06월 01일) "東京帝大를 졸업하고 伯林國立舞踊大學을 졸업한 후 歐羅巴에서 24회의 공연을 하여 호평을 博한 朴永仁씨라는 舞踊家가 있어서 상당히 盛名을 날리고 있지요. 그는 현재 洪牙利王室舞踊會에도 入籍해 있습니다."(裵雲成 金載元 鄭寅燮 金東煥, 崔貞熙, 朴啓周,〈伯林, 巴里, 白耳義의 戰火 속에서 최근 귀국한 兩氏의 報告記〉,《삼천리》제12권 제10호 1940년 12월 01일).

家 朴永仁氏 獨逸國立舞踊學校講師에 就任 亞細亞舞踊科까지 特設 活躍"(《동아일보》, 1938년 11월 27일), "世界에 빛나는 우리 명장 ; 舞踊藝術의 精華 朴永仁氏는 獨逸서 研鑽"(《동아일보》, 1939년 1월 04일)처럼 말이다.[28]

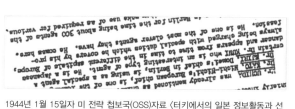

1944년 1월 15일자 미 전략 첩보국(OSS)자료 〈터키에서의 일본 정보활동과 선전〉 중 박영인에 관한 부분

하지만 쿠니 마사미는 CIA 기밀 해제 자료에 포함된 1944년 1월 15일자 미 전략 첩보국(OSS)자료 〈터키에서의 일본 정보 활동과 선전〉에는 일본의 '특수 공작원(special agent)'이었다고 기록되어 있다. "흥미로운 타입의 공작원이다. 그는 일본 무용수로서 때때로 유럽의 여러 다른 수도에 출현하는데 항상 자신의 직업에 맞는 특별한 임무가 부여되어 있었다. 그는 그들이 데리고 있는 가장 영리한 공작원 가운데 한 명이다."[29] 박영인은 베를린에서 "하인과 승용차, 그리고 빌라와 교외에 집

28　국사편찬위원회 데이타베이스에서 박영인으로 검색한 《동아일보》의 그의 기사들이다. http://db.history.go.kr/search/searchResultList.do?sort=&dir=&limit=20&page=1&pre_page=1&setId=17&totalCount=17&kristalProtocol=&itemId=npda&synonym=off&chinessChar=on&searchTermImages=%EB%B0%95%EC%98%81%EC%9D%B8&brokerPagingInfo=&searchKeywordType=BI&searchKeywordMethod=EQ&searchKeyword=%EB%B0%95%EC%98%81%EC%9D%B8&searchKeywordConjunction=AND

29　이 자료 역시 Hoffmann(2015)를 인용한 것이다. 원 자료는 Office of Strategic Services, SI Istanbul, "Japanese Intelligence and Propaganda in Turkey,"15 January 1944,

을 가진 호화로운 생활을 했고 그렇게 종전 때까지 머물렀다."[30]

그렇다면 에키타이 안은 어떨까? 에하라 고이치의 독일 총책으로서의 능력을 감안할 때 "전 제국 음악원 원장 리하르트 슈트라우스와 같은 매우 비중 있는 문화계 인사가 심지어 대사급도 아닌 만주국 공사관의 일개 외교관의 사저 초대를 받아들인 다소 이해하기 힘든 결정이 설명될 수 있다. 안익태는 쿠니와 마찬가지로 에하라의 특수 공작원이거나 그의 중요한 다른 무엇이거나 아니면 둘 다일지 모른다. 무엇이 확실한지 우리는 결코 알 수 없을 것이다."[31]

1943년 3월 30일 파리 친나치 신문 《르 마탕Le Matin》지[32]는 에키타이 안과 에하라 고이치가 함께 나온 사진을 게재하면서 〈만주국〉에 대한 대대적 선전에 나선다. "오늘 저녁 샤요궁에서 연주되는 대서사적 교향곡 〈만주국〉을 위해 일본 작곡가와 만주국 외교관이 자신의 재능을 뭉쳤다."는 큰 제목을 달고 있다. 두 사람이 공개적으로 언론에 등장한 것은 다분히 예외적인 게 아닌가 싶다. 아무튼 이 날의 공연은 상당한 반향을 불러일으킨 것으로 보인다.

호프만에 의하면 이후 에키타이 안에 대해 "프랑스는 이미 2차 대전 기간 중에 그를 기피 인물(persona non grata)로 선언하였고, 미국은 그를

---

document 0004 of folder "Japanese in Europe (WWII)," U.S. National Archives, IWG, Records of the Central Intelligence Agency, Record Group 263, RC Box#39, RC Location 230/86/25/06 (declassified and released by the Central Intelligence Agency Sources Methods Exemption 3828 Nazi War Crimes Disclosure Act, 2005), 5.

30 Hoffmann(2015), p.113.

31 Hoffmann(2015), p.112.

32 대표적인 나치 부역 신문 중 하나인 《르 마탕》지는 파리 해방 직후 폐간되었다. 그리고 이 신문의 편집국장 스페판 로잔은 사형 선고를 받았다. 하지만 몇 년의 징역을 산 뒤에 석방된 뒤 다시 극우파 신문에서 일했다. 피에르 아술린(2005), 《지식인의 죄와 벌》, 서울: 두레, 2005, p.62-64.

공언된 나치로 간주하고 2년 동안 입국을 금지했다."[33] 호프만의 주장
은 입증 자료가 제시되지는 않았지만 아래 정황을 살펴볼 때 상당한 개
연성은 있어 보인다.

대표적인 프랑스의 나치 부역지 《르
마탕》 1943년 3월 30일자(왼쪽)
《르 마탕》 1944년 4월 19일자(오른쪽)

　1944년 4월 19일 수요일자 《르 마탕》지에는 이런 기사가 사진과 함
께 실려 있다. "불일佛日 베토벤 갈라 콘서트가 어제 플레옐Pleyel 홀에
서 펼쳐졌는데 최고의 성공을 거뒀다. 유명한 일본의 작곡자이자 지휘
자인 에키타이 안과 나란히 선 프랑스의 거장 알프레드 코르토에게 청

33　Hoffmann(2015), p.130-131.

중들의 갈채가 쏟아지는 가운데 비시 주재 일본 대사관 참사관의 딸인 테루코 모토노 양이 커다란 화환을 증정했다. 이 사진에서 에키타이 안 씨가 지켜보는 가운데 알프레드 코르토가 모토노 양이 내민 연주회 프로그램에 자신의 사인을 해주는 것을 볼 수 있다."

이 사진은 에키타이 안으로서의 커리어에 정점을 찍은 마지막 장면이라 해도 좋겠다.[34] 20세기 전반 가장 주요한 피아니스트 가운데 한 사람인 알프레드 코르토와의 협연은 파리 해방과 더불어 영원히 다시없을 이벤트가 되었다. 이미 결정적으로 기울어버린 전황에서 프랑스는 6월 6일의 노르망디 상륙 작전을 기다리고 있을 때였다. 파리를 비롯해 프랑스 점령지 곳곳에서 레지스탕스의 공세가 개시되는 상황에서 비시 괴뢰 정부와 일본이 합작한 이런 이벤트가 드골의 망명 정부에게 매우 큰 불쾌감을 초래했음은 충분히 짐작할 만하다. 파리가 해방된 이후 확고한 대독 협력주의자(collaboraionist)였던 거장 알프레드 코르토는 프랑스 임시 정부에 의해 '기피 인물'로 지목되었다. 그는 원래 스위스 국적이었기 때문에 이후 로잔에서 주로 활동했는데 그 뒤 다시 파리에서도 활동했다.

'스페셜 에이전트'는 사실 다양한 어감의 여러 가지 용어로 번역이

---

34 에키타이 안은 1944년 파리 베토벤 페스티벌에서 4월 14일 자크 티보와 베토벤 바이올린 협주곡을, 4월 18일에는 코르토와 피아노 협주곡 5번 〈황제〉를 협연했다. 그리고 4월 21일에는 베토벤의 9번 〈합창〉을 지휘했다. 그런데 아주 흥미롭게도 1944년 4월 19일과 20일 헤르베르트 폰 카라얀이 파리 라디오 오케스트라를 샹젤리제 극장에서 지휘했다. 그러고 보면 비슷한 연배의 두 사람이 같은 시간대에 파리에서 연주회를 연 셈이다. 그런데 4월 20일이 히틀러의 생일이었으니 카라얀이 당일 축하 공연을 하고, 그 다음 날 에키타이 안이 베토벤 〈9번〉을 지휘하며 히틀러의 생일을 경축했다.

될 수 있다. 특수 공작원, 특수 정(첩)보원, 특수 요원 등으로 말이다. 또한 우리에게 익숙한 밀정密偵이나 스파이란 말로도 옮길 수 있다. 프랑크 호프만도 이 책에서 쿠니 마사미, 즉 박영인과는 달리 에키타이 안, 즉 안익태가 에하라 고이치의 '스페셜 에이전트'라는 움직일 수 없는 물증을 제시하진 못하고 있다. 일종의 강한 심증인 셈이다. 그럼에도 불구하고 만일 에하라 고이치가 일제의 유럽 첩보망 독일 지부 총책이 분명하다면, 그의 집에 에키타이 안이 빠르면 1941년 말부터 1944년 4월초까지 거의 2년 반 가까이 기식했다는 사실은 저 심증을 강화하는 요소임이 분명하다. 더군다나 전후 그가 사망할 때까지 프랑스 바로 옆 마요르카 섬에 머물면서도 그가 환대받았던 프랑스 음악계에 단 한 번도 출연하지 않은 사실은 그가 프랑스의 '기피 인물'일지 모른다는 심증을 강화시킨다. 뿐만 아니라 에키타이 안은 자신의 커리어에 정점을 찍었던 독일과 오스트리아에도 결코 등장하지 않았다. 베를린 필 지휘 경력을 그가 얼마나 광고했을지를 생각해 본다면 더더구나 이해하기 힘든 행보인 셈이다.

에키타이 안의 활동이 에하라 고이치에게 제공한 것은 그저 그런 첩보 따위와는 비교하기 힘들다. 대일본제국과 나치 독일의 고급 나팔수로서 그의 가치는 만만치 않은 것이었다. 이는 베를린 총책 에하라가 직접 파리로 달려가 파리의 친나치 프랑스 언론에 모습을 드러낸 데에서도 알 수 있는 것이다. 호프만의 주장을 그저 음해나 비방으로 치부하기에는 에키타이 안의 행적에는 여전히 너무나 많은 의문부호가 달려 있다. 흔히 우리가 첩보원이건 정보원이건 그 뜻을 "적대적인 상대국(방)에 직간접적으로 '고용'되어 정보 등 서비스를 제공하고 그 대가로 금전을 비롯한 일정한 반대급부를 수수하는 자"정도로 본다면, 에키타이 안의 그것을 '고용'으로 보기엔 한계가 있을 수 있다. 그런데도 에키타이 안은 에하라 고이치에게 그가 기대하는 대일본제국과 나치 독일의 고급 프로파간디스트propagandist로서 용역을 제공한 것은 분명하고, 그 대가로 여전히 그 전모를 알 수 없는 수많은 편익을 수수했다는 점은 부인하기 어렵다. 그리고 1944년 6월 6일 노르망디 상륙 작전 직전, 그의 스페인 도주는 마찬가지 일제의 유럽 첩보망과의 연관에서 보자면 어쩌면 그 자체로 잘 준비되고 기획된 일일지도 모른다.

05

〈에텐라쿠(월천악越天樂)〉인가
〈강천성악降天聲樂〉인가?

　안익태, 즉 자막에 나오는 대로 '일본의 오케스트라 지휘자 에키타이 안'이다. 1941년 11월 헝가리 월드 뉴스의 장면이다.[35] 지금까지 알려진 에키타이 안의 1940년대 초반의 영상은 모두 세 가지다. 여기 1941년 헝가리 영상이 있고, 1942년 베를린 방송 교향악단을 지휘한 〈만주국〉이 있다. 〈만주국〉 영상은 오래전 2000년대 중반 국내에 소개되어 충격을 준 바 있는데, 현재 베를린 '연방문서보관소 영상자료실(필름아카이브)'에 소재한다. 필자는 그 영상을 직접 촬영한 버전으로 소장하고 있다. 그 일부가 편집되어 나치 점령 하 프랑스의 전쟁 뉴스에 삽입되었다.[36]

　에키타이 안은 1940년부터 1944년 사이 유럽에서 주로 추축국을 중심으로 연주 여행을 하면서 사실상 같은 곡인 〈교쿠토(극동)〉와 〈만주국〉 그리고 〈에텐라쿠〉를 무대에 올렸다. 그리고 자신이 편곡한 바흐의

35　https://www.youtube.com/watch?v=9_RPzzhuM8Y
36　https://www.youtube.com/watch?v=YTS5IyKBfFc

〈토카타와 푸가 C장조〉도 에키타이 안이 즐겨 연주한 레퍼토리였다.

에키타이 안의 〈에텐라쿠〉 연주. 실황 영상 중에서. 헝가리 부다페스트
1941년 10월 10일

에키타이 안이 전시 유럽에서 가장 많이 연주한 레퍼토리는 〈에텐라쿠〉다. 1943년 8월 18일 베를린 필하모니 연주회 프로그램에 따르면 이 곡은 1938년에 작곡된 걸로 되어 있다. 당시 독일에서는 두 가지의 〈에텐라쿠〉가 연주되었다. 하나는 고노에 히데마로의 것이고 다른 하나는 에키타이 안의 것이었다. 고노에는 전시 일본 총리의 이복동생이자 일본 명문 화족華族(곧 귀족) 집안의 자제로서 당시 재독 일본 음악인의 중심이었다고 할 만하다. 고노에의 〈에텐라쿠〉가 듣기에 일본 가가쿠(아악)의 전통에 충실한 것이었다면, 에키타이 안의 그것은 보다 역동적이고 화려해서 대중들이 좀 더 쉽게 접근할 수 있었을 것으로 보인다.

영상에 나오는 연주회는 1941년 10월 10일 헝가리 부다페스트의 유서 깊은 '페스티 비가도 홀'에서 열렸다. 화면에서 보듯 왼쪽에는 일장기가 오른쪽에는 헝가리 왕국의 국기가 걸려 있다. 헝가리는 1940년 11월 20일 추축국에 가입했다. 이후 나치 독일의 편에서 소련 침공을 감행한다. 그래서 이날의 연주회는 헝가리의 추축국 가입 1주년을 축하하고 대소전對蘇戰을 독려하고 선전할 목적으로 기획된 것으로 보인다. 그날의 연주회에서는 에키타이 안의 〈에텐라쿠〉뿐만 아니라, 독일, 이태리의 음악 그리고 특히 헝가리 작곡가 산도르 베레슈Sandor Veress가 일본 황기 2,600년을 축하하기 위해 작곡한 〈일본에서〉도 연주되었기 때문이다.

에키타이 안의 〈에텐라쿠〉에 대해 노동은은 이렇게 평하고 있다.

안익태 선생이 작곡한 교향시 〈강천성악(하늘에서 내려온 음악)〉

자체가 일본 아악인 에텐라쿠 테마를 가지고 작곡했다. 그건 1910
년 보통교육 창간 이래 일본인들이 '착한 벗'이라고 하면서 강제
교육을 시킨 일본 가락이다. 그런 걸 이미 작곡한 바 있다. 그가 독
일, 이탈리아, 일본의 국제적 동맹 관계 속에서 만주의 왕도락토王
道楽土를 구현하는 일에 앞장선 게 된다."[37]

하지만 허영한은 이를 이렇게 변호한다. 또한 "〈강천성악〉은 일본인
들이 헤이안 시대(794-1192)부터 지금까지 일본인들의 삶과 혼이 배
어있는 아악 에텐라쿠의 주제 선율을 그대로 활용한 작품으로 실제는
1938년에 작곡한 그의 〈에텐라쿠〉를 개작한 작품"임을 강조한다.[38]

한국인으로서의 정체성과 자부심을 잃지 않았던 겁니다. 혹자는
그의 작품 〈강천성악降天聲樂〉이 일본 궁정 음악宮廷音樂인 에텐라
쿠越天樂의 주제 선율을 그대로 본뜬 것이고, 그가 작곡한 교향적
환상곡 〈교쿠토極東〉나 〈만주국〉은 일본을 찬양하는 작품이라는
이유로 그를 친일파라 주장합니다. 과연 그렇게 봐야 할까요? 자
기합리화 또는 변명이라고 할 수도 있겠지만 안익태 선생은 '세종
대왕 때 우리의 아악이 일본으로 건너갔다.'고 말한 적이 있습니
다. 즉, 안익태 선생은 일본 아악의 원조가 조선시대의 우리 음악
이라는 생각을 갖고 있었던 겁니다. 일본 궁정 음악 에텐라쿠와 관

---

37 http://www.nocutnews.co.kr/news/131077
38 노동은, 「친일음악론」, 서울: 민속원 2017, p. 228.

런해, 안익태 선생은 당시 일본인 지휘자 고노에 히데마로(일본 수상 고노에 후미마로의 동생)가 에텐라쿠를 '단순 편곡'한 것과 달리 완전히 새롭게 해석한 에텐라쿠를 만들고 싶었던 겁니다.[39]

"세종대왕 때" 우리 아악이 일본에 건너가 가가쿠가 되었다고 안익태가 생각하고 있었고 또 안익태가 이를 "완전히 새롭게 해석"했다는 말이다. 1941년 잡지《삼천리》에는 당시 동경에 있는 일독 문화 협회日獨文化協會 주임 강세형의 기사가 실렸다.[40] 강세형은 일본 궁중의 설명서에 일본 아악이 신라에서 기원한 것이라고 쓰여 있는 데 놀란 바 있고 또 이를 "황송"하다고 말하고 있다. 그래서 문화에서의 내선일치의 사례로 히틀러 유겐트단에 설명했다는 말이다.

音樂에 있어서는, 金載勳, 桂貞植, 安益泰 諸氏가 다 朝鮮音樂을 그곳에 紹介한 功勞者들인데, 특히 安益泰 씨는 몇 해 전에 伯林에서 그 곳 유명한 大管絃樂團의 컨덕터로 指揮해서 名聲을 날린 일이 있다. 氏는 현재 항가리團에 가 있는데, 귀국한다 해도 그는 日本一의 名 指揮者로 君臨할 것이다. 音樂이야기가 났으니 附言하는 바인데, 작년에 히틀러·유겐트團이 來朝했을 때 내가 안

---

39 http://pub.chosun.com/client/news/viw.asp?cate=C01&mcate=M1004&nNewsNumb=20150717809&nidx=17810
40 여기서 강세형은 히틀러 유겐트단이 "내조來朝"했다고 말하는데 착오라고 보인다. 히틀러 유겐트단은 1940년 11월 11일 황기 2,600년 봉축 사절의 일원으로 일본을 방문, 왕궁을 비롯, 야스쿠니 신사 등 일본 곳곳을 방문한 바 있다. 강세형은 1930년대 베를린 대학에서 철학 박사 학위를 받은 바 있는데 확고한 나치즘의 신봉자로 알려져 있다. 해방 후에는 〈반민특위〉 특별 재판부 재판장(!)을 역임한 바 있고, 이후 1950년대 제3대 국회 의원을 지냈다.

내해 가지고 황송하옵게도 宮中에 訪問하여서 御宮中音樂을 聽取케 되었다. 그런데 御宮中音樂의 御說明書를 拜見하니 此 雅樂은 新羅의 音樂을 輸入한 것이라 御記錄되여져 있었다. 그러고 보니 李王職 雅樂과 別般 틀림이 없음을 깨닫고 나는 매우 놀랐으며, 이를 설명하라 하시여서 나는 新羅, 즉 朝鮮音樂이 황송하옵게도 고대에 宮中에까지 御輸入된 뜻과 朝鮮音樂이 日本音樂化한 것을 히틀러·유겐트團에 설명한 일이 있다. 이렇게 內鮮의 關係는 밀접했고, 文化까지도 交流되였던 것을 생각하면서 나는 히틀러·유겐트團에 다시 조선 문화에 관해서도 설명할 수 있었다.[41]

그렇다면 에키타이 안의 〈에텐라쿠〉는 일본인에게는 어떻게 받아들여졌을까. 다름 아닌 1941년 11월 명치절을 앞두고 부쿠레슈티에서 개최된 에키타이 안의 연주회를 방문한 에하라 고이치가 증언했다.

음악당은 만원이었다. 곡목은 자작곡인 〈월천악〉과 베토벤의 〈교향곡 6번〉이었다. 조선에서 태어난 안 군이 〈월천악〉을 교향곡화한 것에 대해 약간 기이한 감이 없지 않았지만, 조선의 궁정에 다수의 아악이 보존되어 있다는 것을 생각해 볼 때, 우리들보다 아악에 대해 친밀하고 깊이 있게 알고 있지 않을까 하는 등의 소박한

41 姜世馨, 〈朝鮮文化와 獨逸文化의 交流〉, 《삼천리》 제13권 제6호 (1941년 06월 01), http://db.history.go.kr/item/level.do?setId=5&itemId=ma&synonym=off&chinessChar=on&page=1&pre_page=1&brokerPagingInfo=&position=3&levelId=ma_016_0840_0180

상상을 했다. 특히 나로선 극동의 한 음악 생도가 얼마나 큰 성공을 했는지를 지켜보는 것도 흥미로웠기에, 나는 정해진 시각에 지정된 자리에 앉았다.

첫 번째 아악의 테마가 반복되는 사이 기대치 못했던 베리에이션이 나타났고, 기교 넘치는 타악기 구사에 이르러서는 나도 모르게 '흠…'하며 수긍할 수밖에 없었다. 그 짧은 교향시는 우아한 월천악의 멜로디에 조선의 궁정악을 더하여 극적인 효과를 내며 내 가슴을 울렸다.[42]

에키타이 안의 짧은 교향시 〈에텐라쿠〉가 "우아한 월천악의 멜로디에 조선의 궁정악을 더하여 극적인 효과를 내며 내 가슴을 울렸"다고 에하라 고이치는 그 감상을 전한다. 상당히 만족한 눈치다. 어찌 보면 가장 일본적인 것에 조선적인 것, 곧 조선적인 '베리에이션'이 더해지니 이 또한 좋지 않은가로 읽어도 될 만하다. 그런데 여기서 에키타이 안의 〈에텐라쿠〉 못지않게 당시 자주 연주되던 것이 고노에 히데마로의 〈에텐라쿠〉였다. 고노에는 자신이 편곡한 〈에텐라쿠〉를 어떻게 해설할까.

에텐라쿠의 의미는 '하늘에서 내려온 음악'을 의미한다. 이 음악은 8세기 이전 중국에서 건너온 것이다. 한 황제의 작곡이라고 알려졌지만 그 역사적 진실은 보장할 수 없다. 그것은 천년 동안 일본 황실의 연주회에서 연주되던 축전 서곡이다.

---

42 에하라 고이치, 〈안익태 군의 편모〉 (이 책의 부록 3 참조).

크고 작은 종과 하프와 함께 고요히 흐르는 선율은 6성부로써(편곡에서는 6부로 된 바이올린으로) 크게 울리는 대나무로 만든 입풍금(Mundorgel)인 쇼Sho와 조화를 이룬다. 이로써 지난 세기 전환기에 서양에서 등장한 음향 색채와 유사성을 보인다. 천년 이상 일본 황궁에서 계속되어 온 (다수의 불협화음으로부터의) 조화는 오늘날까지도 아무런 변화 없이 지속되고 있다. 편곡은 원형을 건드리지 않았고 여러 다양한 고악기의 음향에 맞추어 원형에 충실하게 현대 악기로 옮겼다.[43]

고노에는 이처럼 〈에텐라쿠〉, 곧 월천악의 중국 전래설의 관점에서 원전성原典性을 강조하는 편곡 방법을 채택한 셈이다. 그런 점에서 화려한 색채와 역동성을 강조한 에키타이 안의 그것과는 일정 차이가 난다. 그런데 한참 세월이 지난 1960년 6월 15일 런던 필하모니 오케스트라 연주에서 에텐라쿠는 〈강천성악〉이란 이름으로 안익태의 레퍼토리에 등장한다.[44] 그리고 로스앤젤레스 교향악단을 지휘하고 녹음한 〈한국 환상곡〉의 재킷 뒷면에는 〈강천성악〉이 1959년 작곡되어 일본 간사이 필하모니 오케스트라를 지휘했다고 나와 있다.[45] 그러다가 5.16쿠데타

---

43 R64 IV, 81, p. 87.
44 《경향신문》 1960년 6월 15일자.
45 안익태가 지휘한 로스앤젤레스 교향악단의 연주를 녹음한 〈한국 환상곡〉의 LP 재킷 뒷면이다.

이후인 1962년 1월 방한했을 때 한국에서 '초연'된다. 당시 언론은 이렇게 보도한다.

교향시곡 〈강천성악〉은 1940년 안 씨가 작곡한 것인데 세종대왕이 지은 아악에서 아이디어를 얻은 것, 일본에서는 〈월천악〉이라고 불러왔는데 구미 각국에서는 안 씨가 지휘한 여러 교향악단에 의해 수십 회나 연주되고 레코드에 취입도 되었으나 우리나라에서는 초연이다.[46]

초연된 〈강천성악〉을 놓고 당시 평단의 반응도 이견이 분분했다.

〈강천성악〉에 대하여 이 씨[이단소 — 인용자]는 언어도단의 졸평을 시도했다. 전체 음계 구성에 있어서 간혹 일본 고전 음악풍의 음률이나 절주가 설사 있다손 치더라도 그것은 철두철미 〈월천악〉이 아니다. 오히려 〈월천악〉은 우리나라 아악에서 옮겨간 것이다. 결단코 그것은 한국적 '이디움'이 휘연한 이왕직아악풍의 작품이다. 악독한 일본제국주의자들에게 무참히 상처받은 민족혼을 몸부림치는 반항심으로 표현한 음악이다. 격렬하고 향수에 젖은 이 교향시곡은 작곡자 자신인 안 선생의 지휘로 1940년 10월 18일 백림 교향악단에 의해 초연되었다.[47]

---

46 《동아일보》 1962년 1월 8일자.
47 김병룡, 〈진지한 예술적 표현〉, 《경향신문》 1962년 1월 20일자.

고노에 히데마로의 〈에텐라쿠〉[48], 안익태의 〈강천성악〉 모두 주변에서 쉽게 듣고 비교해 볼 수 있다. 안익태의 〈강천성악〉은 1991년 김만복 지휘 KBS 교향악단 연주로 발매되었다.[49] 이 CD의 곡 해설에 따르면 〈강천성악〉은 이런 곡이라 한다.

降天聲樂강천성악 (트랙 2)

1959년에 작곡된 교향시로 '하늘에서 내려온 선율'이라는 뜻을 가지고 있다. 전통 아악에 근거해 만든 단일악장의 관현악곡이다. 특히 이 곡은 한국 전래의 신비로운 분위기로 가득 차 있다. 타악기의 트레몰로에 현악기가 절묘하게 감응하는 것이 매우 몽환적이고 독특하다. 오보에의 독주를 중심으로 이어지는 관악기군의 연주도 물안개 피어오르는 달빛 교교한 호숫가를 거니는 듯 신비롭다. 중반에 투티는 엄청난 규모의 무게감으로 다가온다. 타악기의 트레몰로는 전 악장에 걸쳐 이어지며 가득한 신비감을 잘 표현한다. 일본곡과 비슷하다는 논란이 있었던 곡이기도 하다.

〈만주국〉과 마찬가지로 〈에텐라쿠〉 역시 원 악보와 음원이 존재하지 않는다. 유일한 게 위에서 말한 1941년 헝가리 월드 뉴스 1분 영상이다. 김만복 지휘의 〈강천성악〉은 총 11분 31초다. 그런데 헝가리 영상은 〈에텐라쿠〉의 중반부 투티 파트 1분을 편집한 것으로 보이는데, 이

---

48 예컨대 https://www.youtube.com/watch?v=d7ZzZcbH3pg
49 https://m.blog.naver.com/shdky/30024320854

를 김만복이 지휘한 저 "엄청난 규모의 무게감"으로 다가온다는 투티, 곧 관현악 총주파트, 특히 6분 01초 이후와 비교해 본다면 그다지 어렵지 않게 두 곡이 같은 곡임을 알 수 있다. 〈강천성악〉은 1959년에 작곡된 것이 아니라 개작된 〈에텐라쿠〉일 가능성이 매우 높다는 말이다.

켜켜이 쌓인 일그러진 영웅의 신화는 이처럼 국내 평단 일부의 억견과 아집의 참담지경에 도달하고 있다. 그러나 〈에텐라쿠〉의 기원이 '세종 때' 건너간 조선 아악이라는 안익태의 생각은 그다지 근거 있는 것으로 들리지 않는다. 역사적으로 따지더라도 차라리 신라와 일본 헤이안시대가 겹치기 때문이다. 그리고 이를 떠나 한일 양국 간의 고대 이후의 문화 전파와 수용의 역사에서 보더라도 신라 음악이 일본에 수용되었을 가능성은 충분히 타당해 보인다. 그리고 신라 음악은 또 중국과의 교류의 산물이다. 하지만 그렇다고 〈에텐라쿠〉를 전시 유럽에서 빈번히 연주하다가 1950년대 말에 슬그머니 개작해 마치 〈강천성악〉이라는 전혀 새로운 곡인 것처럼 가장하는 행위가 정당화되는 것은 아니다. 〈강천성악〉은 잘해야 일본 가가쿠 기법을 조선인이 현대적으로 재해석한 것으로 '꽤 잘 만든 〈에텐라쿠〉'의 다른 이름 이상도 이하도 아니다. 그 기원과 미학적 성취도와는 무관하게 〈에텐라쿠〉는 전시 유럽 일제의 프로파간다 음악의 하나였을 뿐이다.

슈트라우스 〈일본 축전곡〉과 에키타이 안

1965년 9월 21일자 《동아일보》는 안익태의 부고 기사를 한 장의 사진과 함께 실었다. 그리고 그 사진의 설명에는 "스승인 「슈트라우스」 씨와 「스코어」 검토를 하는 安益泰 (안익태) 씨"라고 달아놓았다. 이 사진은 이전에도 등장한바 있는데 안익태 측에서 제공한 것임에 분명하다. 그리고 이 사진은 유럽에서의 그의 활약상, 특히 그와 슈트라우스와의 관계를 홍보하고자 할 때 자주 등장하는 것이다. 그렇다면 이 사진은 언제 왜 촬영한 것일까, 여기에 대한 설명은 없다.

안익태 부고 기사, 《동아일보》 1965년 9월 21일자

베를린 연방문서보관소의 에키타이 안 파일(R64 IV) 209권에는 바로
이 사진의 원본이 파일링되어 있다.

에키타이 안과 슈트라우스 (촬영 일시 및 장소는 미상)

파일 R64 IV 209권은 에키타이 안의 1942년 2월 3일로 예정된 연
주회를 기획하고 실행하는 데 관련된 문서철이다. 이 연주회의 주관 단
체가 〈독일獨日 협회〉 비엔나 지회였다. 후원자는 나치 독일의 비엔나
총독 발두어 폰 쉬락Baldur von Schirach이었다. 〈전시 동계 자선 기금
(KWHW: Kriegswinterhilfswerk) 1941/42〉, 즉 나치 정권의 전쟁부상자
와 그 가족들을 돕기 위한 자선 기금 모금이 목적이었다. 포스터에 나온
대로 보자면 저녁 7시 30분 유명한 무지크페어아인Musikverein 대연주
홀에서 개최되는 이 연주회의 지휘자는 에키타이 안, 그리고 협연자는
에밀 폰 자우어Emil von Sauer로 리스트의 마지막 제자로 알려진 매우 저
명한 피아니스트였다. 연주곡명은 베토벤의 〈에그몬트 서곡〉과 에키타
이 안이 편곡한 바흐의 〈토카타와 푸가 C장조〉, 그리고 〈에텐라쿠〉, 다

음으로 리스트의 〈피아노 협주곡 2번 A장조〉를 자우어 교수와 협연한 뒤 이날의 메인인 스트라우스의 작품 84 〈일본 축전곡〉을 지휘하게 되어 있었다. 하지만 아래 포스터에서 보듯 2월 3일자 연주회는 전시 상황으로 인한 에너지 문제, 즉 석탄 부족으로 3월 12일 순연하여 개최한다.

에키타이 안의 1942년 2월 3일 빈에서의 〈일본 축전곡〉 공연 포스터

1942년 3월 12일 비엔나 연주회는 전년 1941년 7월 11일 비엔나의 카를 포스Carl Voss라는 콘서트 에이전시의 제안을 받은 독일협회 비엔나 지회 측에서 베를린 독일협회 본부에 차기 겨울 시즌 에키타이 안의 비엔나 연주를 제안하면서 시작된 것으로 보인다. 1941년 7월 7~11일 사이 베를린 방송 타워에서 여름 화훼 전시회에서 에키타이 안이 연주한 것이 좋은 반향을 일으켜 비엔나에서도 개최해 보자는 제안이었다. 베를린에서 호의적 반응이 오자, 비엔나 지회에서는 더욱 적극성을 보였다. 비엔나 지회 사무총장은 베를린에 보낸 1941년 9월 26일자 편지에서 다음처럼 쓰고 있다. "빈에서는 여전히 무명인 이 작곡가를 위

해 우리는 이 연주회에 두 곡 정도의 피아노 연주를 위해 저명한 피아노 비르투오소virtuoso이자 추밀원 고문(Hofrat) 에밀 리터 폰 자우어Emil Ritter von Sauer를 초빙하고자 한다. 그리고 휴식 시간을 제외한 총 연주 시간 최소 60~70분의 프로그램과 90~100분의 최대 프로그램 중 에키타이 안이 무엇을 원하는지를 확인하고자 한다. 특히 가능하다면 리하르트 슈트라우스의 〈일본 축전곡〉을 프로그램에 넣고 싶은데, 이 곡이 빈에서는 여전히 알려져 있지 않아서 상당한 매력을 끌지 않을까 싶기 때문이다."[50]

빈 연주회를 위한 에키타이 안의 소재를 긴급히 수소문하는 과정에서 빈 지부 사무총장은 본부에 보낸 서한에서 1941년 10월 29일 현재 에키타이 안이 불가리아 또는 루마니아에 머물고 있으며, 11월 중순 이후 부다페스트에서 연주를 한 뒤, 혹시 아시마마루 호를 타고 일본으로 귀국하지는 않을 것으로 보여 준비 중인 연주회는 개최될 수 있을 거라고 밝히고 있다. 이는 에하라 고이치가 회고담에서 밝히고 있듯이 에키타이 안이 1941년 11월 일본 4대 명절인 명치절 기념식 아침에 루마니아 일본 공사관에서 〈기미가요〉 제창 피아노 반주를 하고 있었다는 진술과 시간적으로 맞아 떨어진다.

빈 지부 사무총장의 연주회 제안을 놓고 본다면, 에키타이 안이 슈트라우스를 처음 접촉하고 위의 사진을 촬영한 것은 1941년 연말을 지나 그 다음해 1942년 2월 초 아니면 3월 초 전후가 아닐까 싶다. 왜냐하면 연주회를 알리기 위해서라도 저런 이벤트는 필요했을 것이기 때문이

---

50 R64IV 209.

다. 에하라 고이치는 이런 후일담을 남기고 있다.

언젠가 한 번은 내가 빈에 머물고 있을 때, 옹으로부터 차나 한 잔
하러 오라는 전갈이 왔다. 옹의 저택은 일본 총영사관 근처에 있었
으며, 넓은 정원을 갖춘 굉장한 저택이었다. 대문에서 시작하는 완
만한 경사를 오르면 현관에 다다르는 구조였다. 응접실은 조도가
모두 어두운 것들로 되어 있어 차분한 느낌이 들었다. 그곳에는 동
서의 수많은 골동품이 진열되어 있어 옹의 취미가 무엇인지를 말
해주고 있었다. 합석한 손님은 리스트의 수제자로 당시 살아 있던
유일한 인물인 에밀 폰 자우어 교수였다. 일찍이 쿠노 히사코 여사
가 가르침을 받고 싶었지만, 이를 허락받지 못해 비관 끝에 하숙집
2층에서 뛰어내려 자살한 애화를 남긴 당사자다. 앞서 말했다시피
슈트라우스는 당당한 체구인데 반해, 자우어 교수는 왜소했다. 연
령은 자우어 교수 쪽이 두세 살 위였다. 그러나 여전히 기력이 정
정해서, 최근 젊은 여제자와 결혼하여 아기가 태어난 것을 기뻐하
고 있었다. 이러한 이야기는 결코 인기에 좋은 영향을 끼치지 못했
으며, 그의 말년은 오히려 불우했다. 그 밖에 역사를 전공한 모 교
수와 안익태 군이 있었다.[51]

또 다른 글에서는 이렇게 말하고 있다.

---

51 에하라 고이치, 〈리하르트 슈트라우스 옹과의 추억〉 (이 책의 부록 2) 참조.

안 군은 당시 리하르트 슈트라우스의 지도를 받고 있었는데, 범접하기 어려운 노대가의 환심을 산 그의 수완에 우리들도 놀랐다. 하지만 그것은 수완이라기보다 그의 천성이자 타고난 능력이라 말하는 것이 낫겠다.[52]

에하라 고이치의 후일담만 놓고 본다면 에키타이 안과 슈트라우스의 관계는 에하라 고이치와는 별도로 어느 정도 형성되어 있었던 것으로 보인다. 그리고 여기에는 독일협회 빈 지회의 매개 역할이 상당히 컸을 것이다. 즉 1942년 2월 빈에서의 〈일본 축전곡〉 연주가 계기라는 말이다.

1942년 3월 12일로 연기된 공연 안내문

다시 처음의 의문으로 돌아가보자. 안익태가 한국 언론에 배포한 것으로 보이는 슈트라우스와 찍은 저 사진은 분명 1942년 3월 12일 연주와

---

52 에하라 고이치, 〈안익태 군의 편모〉(이 책의 부록 3) 참조.

관련된 것이고 탁자에 놓여 있는 악보는 슈트라우스의 〈일본 축전곡〉 악보일 가능성이 아주 높다. 1965년 9월 21일자 《동아일보》에 실린 슈트라우스와 함께 검토하고 있는 '스코어'는 말하자면 황기 2,600년 봉축악으로서 〈일본 축전곡〉이라는 말이다.

에키타이 안이 지휘한 슈트라우스의 〈일본 축전곡〉은 어떤 곡인가. 아래는 1940년 11월 일본방송협회(NHK) 특별호 일부다. 1940년 일본 정부는 황기 2,600년을 맞아 거국적인 축하 행사를 추진하는데 해외의 저명 작곡가에게 축하곡을 위촉하는 것 또한 그 일환이었다. NHK 특별호에 나온 것처럼 여기엔 헝가리의 산도르 베레슈, 프랑스의 자크 이베르, 이태리의 일데브룬도 피제티, 여기엔 안 나오지만 영국의 저명한 작곡가 벤야민 브리튼도 포함되어 있다. 그리고 무엇보다도 각별한 의미를 가진 경우가 추축국의 일원인 독일의 리하르트 슈트라우스였다. 나치 선전상 괴벨스의 주선에 의해 성사된 슈트라우스의 축전곡의 정식 명칭은 〈대일본제국 2,600년을 축하하는 축전 음악〉이다. 악보에 슈트라우스는 친필로 "삼가 천황폐하께 최고의 공경심을 담아 헌정하나이다." 라고 썼다 (아래 세 번째 사진).

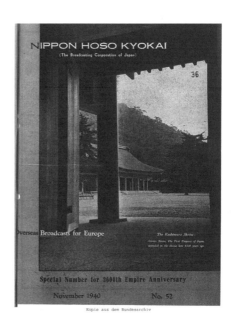

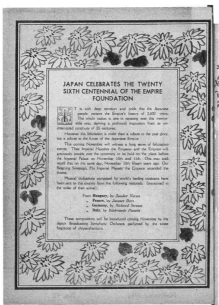

Kopie aus dem Bundesarchiv

일본방송협회(NHK) 특별호
(1940년 11월) 중에서

〈일본 축전곡〉은 모두 다섯 개의 장으로 구분되어 있다. 1. 바다의 광경 2. 벚꽃축제 3. 화산폭발 4. 사무라이의 공격 5. 천황폐하 찬가. 작품이 인계된 이후 1940년 12월 14일 일본에서 초연되었고, 유럽 초연은 1941년 10월 27일 슈투트가르트Stuttgart에서였다. 그렇게 보면 에키타이 안의 1942년 3월 12일 공연은 유럽에서 두세 번째 순위에 드는 공연이었던 셈이다. 3월 12일 공연 다음날 독일협회 비엔나 지회 사무총장은 공연 보고서를 작성한다.

> 에밀 폰 자우어는 번뜩이면서도 젊은 신선함으로 가득 찬 리스트의 〈A장조 피아노 협주곡〉을 대가답게 재현해 보였고, 지휘자 역시 대가적인 비범함을 보여준 대단한 성공이었다. 슈트라우스의 〈일본 축전곡〉 역시 에키타이 안의 지휘 하에 그 명료함에서 능가할 자가 없는 연주를 보였다.[53]

그리고 참석자 중에는 만주국 영사관의 에하라 고이치도 있었다고 보고하고 있다. 이미 이 시점에 에키타이 안은 그의 사저에서 기식하던 중이었다.[54]

---

53 R64 IV, 209
54 이 연주 뒤 에키타이 안에게는 한 번 연기한 데 대한 보상을 감안해 500 라이히마르크(RM)가 지급되었다고 기록되어 있다. 독일 연방 통계청 등에 의하면 1937/38년 물가 기준 1 RM은 3.58유로와 같다. 그리 보면 약 1,800유로를 받은 셈인데 한화로 약 230만원이다. 1942년 독일 노동자 월평균 임금이 165 RM 이니 근 세배를 받았다고 볼 수 있다.(https://m.was-war-wann.de/historische_werte/monatslohn.html)
(오른쪽 사진: 〈1942년 3월 12일 연주회 결산 보고서〉)

독일의 보수 정론지 《프랑크푸르터알게마이네차이퉁Frankfurter
Allgemeine Zeitung, FAZ》에는 지난 2014년 슈트라우스 탄신 150주년을
맞이해 그의 음악 세계를 결산하는 흥미로운 칼럼이 실렸다.

바그너, 그리고 부인 파울리네와는 달리 슈트라우스는 반유대주의
자는 아니었다. 그는 손해는 고려하지 않으며 언제나 자기 이익을
관철하는 확고한 반민주주의자(Antidemokrat)였다. 아마 모두에
게 그렇듯이 작곡가들의 작품에는 삶이 반영된다. 전기傳記적인 것
과 음악적인 것은 결코 분리되는 것이 아니다. 단지 리하르트 슈트
라우스의 경우 이것이 아주 뻔뻔하게 그리고 아주 또렷하게 일어
났을 뿐이다. 그리고 너무나도 당연하게 그 자신이 노골적으로 이
를 추구했다. 이런 근거에서 작곡가 슈트라우스는 분할될 수 없다.
그의 많은 작품들을 선하거나 악하거나, 독창적이거나 모방적이거
나, 진보적이거나 반동적이거나 하는 식으로 동시대적 또는 정치
적 시각에서 다른 것들과 분리시켜 범주화하는 모든 시도는 그저
실패할 뿐이다.[55]

이런 의미에서 슈트라우스가 1936년 〈올림픽 찬가〉를 통해 나치 독
일의 국제적 위상을 드높였듯이, 추축국의 일원이자 동맹국인 일본
을 위해 〈일본 축전곡〉을 작곡한 것은 '확고한 반민주주의자'인 그로

55 Eleonore Büning (2014), Was fuer ein begabter Kegelbruder!http://www.faz.net/
aktuell/feuilleton/buehne-und-konzert/zum-150-geburtstag-von-richard-strauss-
12982375-p2.html

서 그다지 특별한 일이 아닐 수 있다. 특히 슈트라우스의 이력에 있어 부단히 논란이 되어 온 것이 그의 나치 부역 혐의였다. 슈트라우스는 1933년~1935년 나치 선전상 장관 괴벨스가 총재로 있던 제국 문화원(Reichskulturkammer) 산하 제국 음악원(Reichsmusikkammer)의 원장을 맡았다. 제국 문화원은 1933년 나치 집권 후 사회의 모든 문화 영역의 나치화(Gleichschaltung)를 목표로 그 산하에 문학, 영화, 미술, 연극, 언론, 방송, 그리고 음악 부문에 각각의 단체를 결성하고 관련된 자들을 의무적으로 가입케 했다. 슈트라우스는 본인 의사와는 크게 상관없이 이 중에서 음악원 원장을 맡게 되었고, 부원장은 지휘자 빌헬름 푸르트벵글러Wilhelm Furtwangler였다. 나치 정권에 의해 부여받은 제국 음악원의 임무는 독일 음악의 우위를 선양하는 일이었다. 따라서 '비 독일적'이고 '비 아리안적'인 소위 '퇴폐(entartet)음악'을 음악계에서 제거하려 했다. 특히 타깃이 된 것이 유대인 음악가와 유대 음악이었다. 그 과정에서 가장 선호되는 음악은 베토벤, 바그너를 필두로 바흐, 브람스, 브루크너, 하이든, 모차르트였고, 반대로 가장 기피하는 음악은 유대인인 말러, 멘델스존, 쇤베르크를 비롯해 나치에 저항적이었던 알반 베르크, 한스 아이슬러, 파울 데사우 등의 음악이었다. 12음계는 말할 것도 없고 재즈 음악도 금기시되었다.

　흔히 슈트라우스와 나치 정권과의 관계에 있어, 그의 '비정치성'을 반대 논거로 제시하지만 철두철미 그야말로 '발톱까지' 의식화되고 정치화된 나치 정권 하에서 비정치성은 일종의 형용 모순 같은 것이다. 본인은 스스로 비정치적이라고 우기더라도 권력은 그를 정치적으로 이용하기 마련이다. 하지만 슈트라우스가 제3제국의 문화 정책에 완벽히 순치된 것은 아니었다. 일정한 불일치와 갈등이 있었고 슈트라우스는 1935년 조기 하차한다. 그렇다고 나치 독일에서 그의 영향력이 사라진 것은 전혀 아니다. 슈트라우스의 영향력은 뜻하지 않게 에하라 고이치의 회고 글에서도 확인할 수 있다. 바로 에키타이 안도 함께 한 자리였다.

> 1943년 6월에는 베를린에서 옹의 초기 작품 〈군트람Guntram〉을 상연하게 되었다. 이 가극은 어떠한 사정 때문인지, 초연 이후 무대에 올리는 것을 옹이 원치 않았는데, 가르미슈의 옹 별장에는 〈군트람〉의 묘비가 있는 인연도 있었기 때문이라는 이야기가 있었다. 따라서 이번 공연이 초연 이래 몇십 년 만의 무대이기에, 가극 동호인들 사이에는 즉각 센세이션을 불러일으켰다. 옹도 특별히 본인 자신이 연습과 예행연습까지 참가했다. 그때 나는 이미 옹과 가까워져 있었던 터라, 사전에 베를린의 나의 집에 머물기로 약속이 되어 있었고 옹은 수행원을 데리고 그루네발트Grunewald[56]의 나의 집에 약 열흘 간 유숙했다.
>
> (…)
>
> 그 체류 기간 중 옹은 79세 생일 (6월 11일)을 맞았다. 옹이 나의 집에 머물고 있는 것은 극소수의 사람밖에 모르고 있었지만, 그날은 아침부터 많은 꽃들이 배달되어 나의 집은 현관부터 거실, 식당, 침실까지 온통 화려한 꽃으로 묻혀버리고 말았다. 평소에는 옹이 별로 좋아하지 않았기에 방문객을 돌려보내곤 했었지만, 이날

---

56 베를린의 행정 구역, 반 호수(Wann see) 주변에 있다.

은 특별한 기회라 베를린에 있는 음악 관계자 십여 명을 초대하여 작은 파티를 열었다. 참석자 중에는 티에첸 총감독, 선전성의 드레베스 음악 국장 등도 있었다.[57]

여기 언급된 하인츠 드레베스Heinz Drewes(1903~1980)는 지휘자이자 당시 나치 선전성 제10국 음악국의 국장으로서 2차 대전 당시 독일 음악계에서 가장 영향력있는 인물로 꼽힌다.[58] 그런데 공교롭게도 1943년 6월 11일 베를린 그루네발트에 있는 에하라 고이치의 사저에서 열린 슈트라우스의 79세 생일 파티가 있은 다음 달 에키타이 안은 독일 음악원의 회원이 된다.

에키타이 안은 나치 독일에서 유일한 조선 출신 제국 음악원 회원이었다. 아래는 에키타이 안의 회원증 사본이다.[59] 회원증의 내용을 살펴보자.

성명: 안/에키타이 (Ahn /Ekitai), 주소: 그루네발트, 구스타프 프라이탁가 15번지 (Grunewald구, Gustav－Freytag－str. 15)
생년월일: 1911년 12월 5일, 동경/일본 출생, 국적: 일본,
직업: 지휘자 겸 작곡가,
제국 영역 내 근로 허가(A.G.)를 부여함

---

57 에하라 고이치, 「리하르트 슈트라우스 옹翁과의 추억」, (이 책의 부록 2) 참조.
58 Reichsmusikkammer, https://de.wikipedia.org/wiki/Reichsmusikkammer
59 이 회원증 사본은 이경분(2007), p. 111에서 인용.

이렇게 오른쪽에 적혀 있다. 여기서 에키타이 안은 자신의 출생지를 평양이 아니라 동경이라고 적고 출생 연도도 1906년이 아닌 1911년이라고 허위로 적었다. 여기서 특히 흥미로운 것은 사각 스탬프 안의 내용이다. 그대로 옮기면,

Nachteilige Notierungen in politischer Hinsicht liegen nicht vor.

(정치적 관점에서 흠결이 될 만한 기재 사항 없음)

Reichssicherheitshauptamt 4 C I d (제국 안전 본부 4국 C실 I과 d)

Berlin, den 24 Juli 1943 (1943년 7월 24일 베를린)

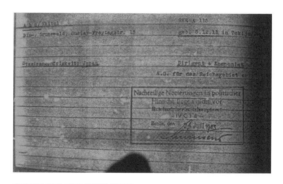

에키타이 안의 제국 음악원 회원증

줄여서 흔히 RSHA라 불리는 제국 안전 본부에는 모두 여섯 개의 국이 있는데 〈제4국〉이 바로 그 유명한 게슈타포Gestapo(국가 비밀경찰)다. 제4국, 곧 게슈타포 내에는 다시 A(저항 세력), B(세계관 등 사상 검열), C(기록 관리), D(점령지), E(방첩), P(외사 업무)등 여섯 개의 실이 있다. 그

중 4국 C실 1과는 심사 등 기본적인 기록 관리, 일종의 존안 카드를 관리한다고 보면 되겠다.[60]

그리고 '정치적 관점에서 흠결이 될 만한 사항 없음'은 게슈타포가 해당 인물에 대한 신원 조회를 하고 회신을 할 때 관용적으로 사용하던 문구다. 쉽게 말해 에키타이 안의 사상 등 신원은 게슈타포가 보더라도 별 하자가 없다는 말로 보면 된다. 게슈타포의 관인이 찍힌 제국 음악원 회원증을 그저 에키타이 안의 음악적 능력에 대한 인정의 증좌라고 보기엔 석연치가 않다. 골수까지 정치적인 나치 비밀경찰이 그렇게 순진할 리도 없을 것이다. 그것은 우선 멀리는 1943년 2월 스탈린그라드 전투 참패로 전황이 역전되기 시작한 조건에서 독일은 동맹국 일본의 제2 전선, 곧 대소 개전을 학수고대하고 있던 시점이라는 점이 중요하다. 그리고 가까이는 에하라 고이치의 사저에서 열린 1943년 6월의 슈트라우스의 생일 파티를 언급할 만하다. 슈트라우스와 또 그 자리에 참석한 드레베스 선전성 음악국장 정도의 신원 보증이 있었다면 바로 그다음 달인 7월에 에키타이 안이 회원증을 받는 것도 그렇게 힘든 일이 아니었을 것이다. 한때 〈애국가〉를 작곡할 정도로 애국자였던 안익태는 이제 게슈타포의 신원 검증을 통과한 '동경' 출신 일본인 에키타이 안으로 완벽하게 변신해 있었다.

---

60 Reichssicherheitsamt, https://de.wikipedia.org/wiki/Reichssicherheitshauptamt

독일협회(獨日協會, Deutsch‐Japanische Gesellschaft)와 나치 독일

독일협회는 1888년 베를린에서 화독회和獨會라는 이름으로 처음 조직되었다. 독일에서 가장 오래된 양국 간 협회로서 처음 창립 목적은 베를린 체재 일본 유학생이나 교원들을 위해서였는데 곧 독일 회원을 받아들여, 정기적인 강연, 관광, 그리고 견학 등을 가지면서 회원 상호 간의 친목과 우애를 다졌다. 말하자면 전형적인 독일과 일본 양국의 민간 차원 학술과 친교를 목적으로 한 자발적이고 자생적인 단체 이상도 이하도 아니었다. 1912년 1차 대전을 앞둔 상황에서 일본이 영일 동맹英日同盟의 일원으로 당시 독일제국과 교전 당사국이 되면서 독일협회는 해산되었다가 1928년에 새로이 〈독일 공동 연구회(Deutsch‐Japanische Arbeitsgemeinschaft)〉란 명칭으로 재건되었다. 그리고 1929년에 다시 독일협회로 개칭하면서 안정적인 기반을 확보했다.[61]

하지만 1933년 나치 권력 장악 이후 상황은 급변한다. 나치 권력

---

[61] 독일협회에 대해서는 이미 상당한 수준의 연구서들이 존재한다. Guenter Haasch (Hrsg.) (1996), Die Deutsch‐Japanischen Gesellschaften von 1888 bis 1996, Berlin 1996. Hans‐Joachim Bieber(2014), SS und Samurai, Deutsch‐Japanische Kulturbeziehungen 1933‐1945, Freiburg 2014.

장악 직후 이른바 '나치화(Gleichschaltung)'과정이 개시되면서 기존의 독일협회는 전혀 다른 성격으로 재조직되기 시작한다. 독일어에서 Gleichschaltung은 어원적으로 전기 공학에서 사용하는 개념으로서 공조화 정도의 의미라 보면 되겠다. 하지만 국가사회주의적 용례로 보자면 통일화, 집중화, 단일화라는 뜻으로 읽힌다. 그것이 사회·정치적으로 실제로 의미하는 바는 대략 세 가지다. "총통 영도의 원칙(Führerprinzip)에 입각 민주적 구조의 제거, 유대인을 단체의 지도부에서 배제하거나 아예 조직에서 축출하는 것을 통한 반유대주의 원칙의 적용, 새 정권의 지지자들을 통한 완전한 혹은 부분적인 지도부 교체".[62]

이는 철저하게 일련의 입법, 즉 '민족과 제국의 난관 극복을 위한 법(수권법)'을 필두로 제1차, 2차 나치화법, 정당 재건 금지법, 제국 문화법으로 완성된다. 독일 사회 내에서 일체의 다원주의와 민주주의를 철저히 걷어냄으로써 정치, 사회, 문화의 전 영역을 국가 사회주의적 모델로 전면적으로 개조하는 것을 의미한다. 그리고 '당과 국가의 통일성 확보를 위한 법'을 통해 "독일국가사회주의노동당(NSDAP)은 독일 국가 사상의 담지자이자 국가와 불가분리적으로 결합"되었음이 선포되었다. 유일당으로서의 나치당의 요구에 부응하게끔 국가는 재조직되어 당이 곧 국가가 되었다. 그리고 이 모든 것의 최정점에는 인민 의지의 전일적 구현자로서의 일인, 곧 총통 아돌프 히틀러Adolf Hitler가 위치한다.

'인민 계몽과 선전성' 장관 파울 요제프 괴벨스Paul Joseph Goebbels가

---

62 Michael Grüttner(2015), Brandstifter und Biedermänner. Deutschland 1933–1939, Stuttgart 2015, p.40

문화 공간의 나치화를 위해 만든 것이 제국 문화원(Reichskulturkammer) 이었다. 제국 문화원은 그 산하에 문학, 영화, 미술, 연극, 언론, 방송, 그리고 음악 부문에 각각의 단체를 결성하고 관련된 자들은 의무적으로 가입케 했다. 예컨대 제국 영화원, 제국 미술원, 제국 음악원의 식으로 하되, 그 총재는 선전성 장관 괴벨스였다. 슈트라우스는 1933~1935년 바로 제국 음악원의 원장이었다.

독일협회 역시 나치화의 대상이었다. 그 과정은 '일종의 쿠데타'와 유사한 것이었다. 당시 협회의 이사장과 사무국장이 유대인이란 것을 핑계 삼아 이사진의 전원 교체를 통한 협회의 전면 개편을 시도하였다. 이를 위해 독일 외무성과 선전성이 배후에서 조종을 했고, 일본 역시 대사관 해군 무관실을 통해 개입했다. 새 이사장으로는 전직 해군 장관이자 퇴역 제독인 파울 벤케Behncke, 부이사장은 일본 대사관 참사관 후지이가 맡고, 서기는 나치당의 연락관(Verbindungsstab, 독일군 계급으로 치자면 소령급) 숄츠Scholz 박사, 회계는 미쓰비시 지사장인 이이노Iino 박사, 사무국장은 학Hack 박사와 대사관 해군 무관실 비서인 사카이로 구성되었다. 무엇보다 가장 두드러진 점은 나치 친위대 인물이 배치된 점이다. 새롭게 해당 관할 법원에 등기하면서 신임 이사장과 사무국장은 이렇게 통보했다. "독일협회 이사회는 이로써 첨부한 1933년 10월 4일자 총회 회의록에 근거 신임 이사회의 선출과 정관 개정을 동조화(gleichgeschaltet) 했음을 통보합니다. 이사회는 독일사회주의노동당(NSDAP) 연락관인 숄츠 박사에 의해 표명된 희망 사항에 따라 구성되었습니다."[63] 처음 자발적인 시민사회 내 사회단체로 출발한 독일협회는 1933년 그 자율성을 상실한 채 독일 국가사회주의 외곽 사회단체로 완벽히 개편되었고, 독일과 일본 양국의 대외 선전 도구로 재탄생했다.

독일협회의 국가사회주의적 재편에 따라 당시까지 주로 회비와 후원금에 의존하던 데에서 탈피하여 독일협회는 이제부터는 공적 자금을 지원받게 된다. 처음에는 대부분 선전성으로부터 자금을 받다가 점차 1938년 이후 "선전성, 외무성, 그리고 국가사회주의노동당의 총통 대리인 중 대외 문제 수임자 사무소 간의 약정"에 의거 '양국 간 협회 및 시설 연합회(VzV: Vereinigung zwischenstaatlicher Verbände und Einrichtungen e. V.)'가 관리하는 자금의 지원을 받게 된다. 여기서 '국가사회주의노동당의 총통 대리인 중 대외 문제 수임자 사무소'란 '립벤트롭 사무소(Dienststelle Ribbentrop)'를 말하는 것인데, 독일 전통 외교관 집단을 불신했던 히틀러가 자신이 총애하던 립벤트롭에게 대외 정책에 대한 특별한 임무를 부여하여 외무성과는 별도로 나치당 내에 운영하던 일종의 비공식 기관이었다. 1936년에 그는 외무장관에 임명되었다. 이 '양국 간 협회 연합회'는 선전성과 립벤트롭 사무소가 실질적으로 관장하던 기관인데, 독·영, 독·불, 독·이베로·아메리카, 독·이, 독·일, 독·스페인 협회 등을 재정적으로 지원하는 역할을 맡고 있었다. 그런데 흥미롭게도 양국 간 협회들과 이 연합회와의 약정은 극비 사항이었다. 특히 1936년 독·일 간 방공 협정 체결 이후 독일협회는 자금

63 Haasch(1996), p.122.

사정이 대폭 개선되었다.[64] 이와 관련해 1936년 벤케의 사망 이후 새로이 이사장을 맡게 된 퇴역 해군 제독 푀르스터Foerster가 한참 뒤인 1943년 독일협회 지부 이사장 및 사무국장 회의에서 비밀 취급을 전제로 한 말이 흥미롭다.

> (…) 모든 것을 통해 협회 사업을 활성화하고, 물질적으로 지원하며 다소간 바로 정치적 의도(Wollen)에 맞게 이용할 수 있도록 하자는 명확한 목적을 가지고 양국 간 협회 연합회가 만들어졌다. 이는 매우 비밀리에 다루어지지 않으면 안 될 그런 것이다. 나는 기본적으로 양국 간 협회는 여론상으로, 특히나 다른 나라에 대해 국가의 위장 기관으로 보여서는 안 된다는 관점에 서 있다. 이 자리를 빌려 다시 한 번 이 점을 말하고 싶다. 당연히 극비리에 하는 말이지만 그래서는 안 된다.[65]

바로 이 '정치적 의도'를 위해 실상은 극비리에 독일 외무성과 선전성 자금 지원으로 운영되는 '위장된(getarnt)' 국가사회주의 조직이지만 그렇게 보이지 않도록 하는 것이 대외 관계적으로 유리하다는 말이다. 그래서 독일협회는 외형상 반관半官적인 형태를 유지한다는 것이다.

1938년 10월 독일협회의 푀르스터 제독은 독일 문화 관계에 대해 다음과 같이 말했다.

---

64 Haasch(1996), p.168.
65 Haasch(1996), p.171-2.

여기서 나는 민족 간 문화 관계에 대한 슈프랑거 교수의 일본 강연에서 내가 찾은 한 문장을 소개하고 싶다. '만일 다가올 시대의 특징을 '정치적인 것의 우위(Primat des Politischen)'라고 정식으로 표현할 수 있다면 이 말은 다른 문화 영역에 대해 첫 번째로 정치가 지도력을 가져야만 한다는 말이다.' 우리가 대일본 문화 관계를 명확히 하고자 원한다면, 우리는 먼저 정치라는 가장 위험한 영역 속으로 들어가야만 한다.

1936년 일본과 독일은 방공防共 협정(안티 코민테른 협정)을 체결했는데 여기서 양국은 볼셰비즘Bolshevism에 대한 공동의 투쟁을 공약했다. 일 년 전 이태리가 이 협정에 가입하는 등 유럽의 정세 발전을 통해 그것은 중요한 정치적 수단이 되었다. (…) 방공 협정의 정치적 완성이 이루어질 거라고 전제할 때, 이는 특히 볼셰비즘과 그 중심에 대한 공세적 투쟁을 목표로 하는 것이다. 총통은 올해 1월 20일자 연설에서 일본과의 정치적 동행(Zusammengehen)을 명확하게 옹호하셨고, 그래서 우리는 이러한 정치적 대일 관계를 확고하게 구축하기 위해 노력하지 않으면 안 될 것이며 우리는 다른 문화 영역, 경제, 학문, 그리고 예술을 촉진시킴으로써 이를 가장 잘 수행할 수 있을 것이다.

우리는 독·일 양국 간 문화 교류에 대해 많은 이야기를 한다. 그리고 문화적 가치와 그것을 담지한 인물들의 교류를 통해 양 민족 간의 우의를 증진시킬 수 있다고 믿는다. 여러분, 나는 문화 교류를 몹시 환영하며 그것을 가능한 모든 문화 분야로 확장시키기 위해 노력할 것이다. 그러나 나는 문화 교류만으로 충분치 않으며 집중적이며 계획적인 문화 '사업'이 요구된다고 믿는다. 우리 독일 협회는 독일 내에서 일본에 대한 지식과 이해를 확장하고 심화하기 위해 노력할 것이다. 우리의 사업 영역은 독일이며, 우리 사업의 성공은 일본에도 매우 좋은 것이다.[66]

문화를 통해 대일 정치적 관계를 공고히 하는 일, 즉 그런 문화 '사업'이야말로 독일협회의 존재 이유라는 의미로 받아들일 수 있다. 그리고 일본과 '정치적으로' 같이 간다는 말은 동시에 일본과의 군사 동맹을 전제하는 것이다. 더 노골적으로 말하자면 문화는 그 자체가 목적이 아니라 정치에 종속되는 수단일 뿐이다.

1936년 11월의 방공 협정, 1938년 11월의 독일 문화 협정 그리고 1940년 9월 독·이·일獨·伊·日 삼자 동맹으로 독·일 관계는 나선적 발전 경로를 밟고 있었다. 이 사이에 1937년 중일 전쟁이 발발하고 1939년 9월 독일의 폴란드 침공으로 2차 세계 대전이 시작되고, 1941년 6월 독소獨蘇전, 그리고 1941년 12월 일본의 진주만 공습으로 바야흐로 전 세계는 전쟁의 도가니로 빠져들었다. 하지만 독일협회로선 전쟁으로 인한 일본에 대한 관심과 수요의 폭발은 결코 나쁘지만은 않은 일이었다.

독일협회의 〈1941~1942년 연례 보고서(Jahresbericht 1941/42)〉는 에키타이 안이 1941년 7월 11일 독일 방송국 오케스트라와 베를린 방송 타워에서 여름 화훼 전시회 특별 연주회를 했고, 미치코 다나카가

66 Haasch(1996), p.175-6.

솔리스트로 출연했다고 적었다. 그 다음으로 1942년 2월 6일 하노버에서 니더작센 오케스트라를 지휘했으며, 1942년 3월 12일 다음에 상술할 빈 심포니커와의 빈 연주회를 보고한다. 그리고 1941년 4월 26일자 에키타이 안의 콘서트가 독일 방송으로 중계되었다. 그의 연주는 단파 방송을 통한 국제 선전물로도 활용되었는데, 위 보고서는 1941년 7월 18일 그 전 주에 있었던 여름 화훼 전시회 특별 연주회가 독일 단파 방송국의 빔식 송신기(Richtstrahler)를 통해 남미, 중미 그리고 북미 지역에 방송되었다고 밝히고 있다. 〈1942~43년 연례 보고서(Jahresbericht 1942/43)〉는 1943년 8월 18일 에키타이 안의 베를린 필 연주회를 독일 협회가 주최한 것으로 보고한다. 그리고 동년 10월 19일 베를린 필과 바이올리니스트 네이코 수와Nejiko Suwa의 협연을 한스 크나퍼부쉬Hans Kanpperbusch의 지휘로 주최했다고 보고하고 있다.[67]

1944년 7월 20일 독일 외무성에서 열린 독일 문화 협정의 결과로 설치된 〈독일 문화 협의회(Das Deutsch-Japanische Kulturausschuss)〉 안건에서 보고된 제국 내 일본 관련 행사 연례 보고서에 따르면 "지휘자겸 작곡가 에키타이 안이 베를린 필의 다수의 콘서트를 지휘했다"고

67　R64 IV, 27, 56. 1943년 10월 19일 수와의 연주회는 원래 에키타이 안이 맡기로 되어 있었던 것으로 보인다. 독일협회 베를린 본부 사무국장이 빈 지회 사무부국장에 보낸 1943년 4월 21일자 편지는 이렇게 되어 있다. "비밀을 전제로 당신에게 알려드리는 것입니다만, 안 씨는 모르긴 해도 이렇게 하면 자신의 성공이 깎일지도 모른다고 생각하는 것 같습니다. 수와 양이 오케스트라와 협연할 수 있는지에 대해 우려를 표명했습니다. 제가 받은 인상으로는 모르긴 해도 자기의 성공이 축소될지도 모른다는 이유로 안 씨가 공동 출연에 특별한 관심을 보이지 않는 것 같습니다. 그밖에 안 씨는 제가 보기에 연주회를 필하모니커와 협연할 수 있는지에 가치를 두고 있습니다. 이 연주회를 위해 당신이 필하모니 오케스트라를 섭외할 수 있는지 저로서는 판단할 수가 없습니다. 그래서 청컨대 모든 질문에 대한 당신의 소중한 답장을 다시 한 번 부탁드립니다." 여기서 필하모니는 시립 빈 심포니가 아닌 그 보다 훨씬 저명한 빈 필하모니커 (비엔나 필하모니)를 말하는 것으로 보인다. 아무튼 에키타이 안은 이 연주회를 그 이후 지휘하지 않았다.

만 언급되어 있다.[68]

1943년 6월 1~2일 독일협회 지회 이사장 및 사무국장 등을 대상으로 제2차 업무 워크숍(Arbeitsbesprechung)이 개최되었다. 이 자리에는 일본 대사관 문화과와 독일 외무성 및 선전성 관계자들이 참석하였고, 첫날 저녁에는 오시마 일본 대사가 참석자 전원을 대사관저로 초대해 만찬을 함께했다. 둘째 날 독일협회 이사장 푀르스터의 현재의 독·일 양국 관계에 대한 기조연설이 있었다.[69] 이 날의 워크숍과 토의 내용은 우선 비밀로 분류되어 있고 특히 푀르스터의 독·일 관계 기조연설은 독일인들만 있는 자리에서 행해져 주목을 끄는데 양국 관계의 내면과 그 속에 담긴 각각의 속셈마저도 엿볼 수 있는 자료라 할 만하다.

먼저 푀르스터는 독일협회의 연혁이 당시 이미 53년이나 된 단체지만 과거와 비교해 지금의 독일협회는 "본질적으로 다른 기능"을 갖고 있다고 말한다. 과거 독일협회는 그 회원과 활동은 거의 학계에 국한되어 있었고 그것도 일본학 분야에 한정되어 있었다. 그가 강조하는 것은 지금까지의 양국 관계는 일본에서건 독일에서건 '인민 대 인민(von Volk zu Volk)', 즉 국가 관계는 있었지만 인민들 간의 관계가 부재했다는 말이다.

인민에서 인민으로 공감하는 것, 즉 인민에서 인민으로의 우호적 태도가 전혀 없었다는 말이다. 다른 한편으로는 재정적이건 다른

68 R64 IV 39;11.
69 R64 IV 30.

무엇이건 엄청난 수단을 동원해 미국인들은 일본인들의 마음속으로 먹어 들어갔다. 여러분, 이것이 바로 깊이 염두에 두어야 할 지점이다. 이 모든 문제는 흔히 생각하는 것처럼 그렇게 단순한 것이 아니다. 미국인들은 일본인들에게 자신들을 인기인으로 만들었다. 미국인들은 학원, 학교의 장학 사업을 펼쳤고, 영화 같은 것을 손에 잡히게 만들었다. (…) 그렇게 그들은 일본인의 영혼의 대부분을 손에 넣었다. 미국인이 아닌 자들과 마찬가지인 일본인들에게도 매우 위험한 상황이다. 말할 수 있는 것은 상황이 위험하다는 것인데 그 이유는 일본의 인민들이 미국화되는(amerikanisiert) 길로 잘 가고 있기 때문이다.

퀴르스터에 따르면 독일에 대한 일본 인민들의 태도에서 새로운 변화가 나타난 것은 주독 일본 대사 오시마 히로시와 주이태리 대사 시라토리 토시오 그리고 나치 독일의 외무 장관 립벤트롭이 주도해서 합의했던 "방공 협정 사상" 때문이다.[70] 오시마는 주독 대사 시절 독일 외무성보다는 히틀러의 외교 자문 립벤트롭을 통해 방공 협정을 성사시켰고, 시라토리는 주 이태리 대사 시절 독, 이, 일 3국 동맹을 강력히 주창하던 자이다. 오시마와 시라토리 두 사람은 전후 도쿄 전범 재판에서 A급 전범으로 종신형을 선고 받았고, 립벤트롭은 뉘른베르크 전범 재판에서 사형 선고를 받고 처형되었다.

---

70 당시 이 무모하기 짝이 없었던 삼국 추축 체제 구축의 내막에 대해서는 마사야스(2016), p.319 이하를 참조.

아무튼 푀르스터는 "그 뿌리에 있어서 반러시아 정치 동맹"을 의미했던 방공 협정 사상은 이미 낡고 지나간 것이 되어 버렸지만, "당시 일본에선 불을 당겼다. (…) 나로선 그 이유를 모르겠지만 아무튼 그 사상은 일본 인민 속으로 파고 들어가 일본 인민 전부를 사로잡았다." 하지만 1939년 독소 불가침 협정은 독·일 양국 관계를 뿌리째 뒤흔들어 놓았다. 삼자 동맹으로 다시 진정되긴 했지만, "여전히 일본 인민들은 독일과 독일의 기대, 그리고 능력에 대한 진정한 이해가 확산되어 있지 않다고 나는 믿고 있다. 바로 그와 마찬가지로 독일에서도 일본에 대한 이해, 일본과 일본의 기대와 능력에 대한 지식은 매우 희박하다. 내가 느끼기에 이것이 우리가 서 있고 그 속에서 우리 사업을 어떻게든 펼쳐 나가야 하는 아주 현실적인 상황이다."

같은 유럽 문화권에 속한 나라에 관련된 다른 양국 간 협회와는 달리 독일협회는 전혀 다른 영역에 속해 있다. 그래서 예컨대 일본 경제에 의한 세계의 기습 점령이나 덤핑 등 황화黃禍(gelbe Gefahr)론을 배격해야 한다. 또 독일이라는 이유로 특권을 주장해서는 안 된다. 특히 지나사변 때 일본은 독일에 크게 실망한 적이 있으니 만큼, 가장 중요한 것은 독일이 일본의 신뢰를 얻어야 한다는 점이다. 그렇게 될 때 일본 역시 독일을 신뢰하게 될 것이라는 말이다.[71] 아래는 푀르스터가 각 지회에 보낸 극비 편지다. 독일과 일본, 이 머나먼 군사동맹의 속살과 속셈을 엿볼 수 있는 다소 희귀한 문서이기에 전문을 읽어 보기로 하자.

71 R64 IV, 30, 14

독일협회   1943년 4월 14일 베를린

베를린 독일협회 이사장

극비

등기

독일협회 지회 이사장에 보내는 회람

최근 정치 상황에 비추어 나로서는 독일협회가 대외적으로 일·독 간의 우호 관계를 재차 강조하기 위한 독일협회의 강력하고도 여론상 가시적인 활동이 요구됨을 언급할 필요가 있다. 설사 정치를 하거나 정치화하는 것이 독일협회의 임무가 아니라 하더라도, 협회의 문화 사업은 언제든지 정치에 복무하지 않으면 안 된다. 그리고 이것은 현재 매우 긴급한 것이다.

이를 설명하기 위해 나는 다음과 같이 말하고자 한다. 최근 특히 우리의 적국이 주장하는 바에 따르면 독·일 양국 관계가 악화되었고, 한편으로 일본은 유럽의 전황에 실망하고 있으며, 다른 한편으로 독일은 일본의 전쟁 수행 능력이 약화되고 있으며 그래서 전황 전체를 충분히 지원하지 못하고 있다고 일본을 비난하고 있다는 것이다. 이러한 적국의 프로파간다는 비록 전적으로 틀린 것이지만 그렇다고 영향이 전혀 없는 것은 아니다. 우리는 도처에서 재차 이러한 의문에 봉착하고 있다. "일본은 도대체 뭘 하고 있는 건가? 왜 일본은 동아시아에서 러시아를 공격해서 대러전의 신속한 종결에 기여하지 않는 것인가?" 이러한 의문을, 진짜 상황을 좀 더 잘 그리고 진지하게 들여다봐야만 하는 그런 인물들조차도 제기

하고 있다. 실제로는 이렇다.

우리 정치 지도부가 유럽 상황이 첨예화되는 것을 인식했을 때, 동맹 정책을 통해 이러한 임박한 위험을 저지하는 것이 과제가 되었다. 정치적 계획의 핵심은 중유럽과 동아시아의 주도 세력, 곧 일본이 함께 가는 것이었다. 이러한 정치 사업의 결과가 1939년 이태리와의 군사 동맹이며, 이에 앞서 1936년 일본과의 방공 협정이 체결되고 뒤이어 1937년 이 방공 협정에 이태리가 가입했다. 1939년에 일본을 군사 동맹에 넣고자 하는 노력은 실패했다. 왜냐하면 당시 일본군의 결성 수준이 실전 배치에 적합할 정도에 이르지 못한 것으로 보였기 때문이다. 하지만 일본이 이미 그 시점에 독·이 군사 동맹 가입을 추진했음은 내가 1939년 일본에 체재할 당시 특히 육군과 해군의 지도적 인물들이 나에게 했던 발언들을 통해 알 수 있었다.

이후 1940년의 삼국 협정을 통해 일본 또한 독·이 군사 동맹에 가입하였고, 일정한 시점에 군사적 공격을 감행할 결의를 통보했다.

1941년 12월 일본의 개전과 미합중국, 영국 그리고 네덜란드 – 인도에 대한 섬멸적 타격이 유럽 추축국의 전쟁 수행 부담을 결정적으로 경감시켰음은 의문의 여지가 없다. 유럽 추축국의 전쟁 수행에 의해 적국들을 유럽에 묶어 놓을 때만 비로소 일본이 승리할 가능성이 있다고 주장하는 발언들에 맞서서 이 점은 재차 강조되어야만 한다. 물론 일본에게 상황이 특히 유리하게 되었음은 분명하다. 그러나 일본의 승리는 자신보다 수적으로 우위에 있는 군대를 상대로 쟁취한 것이며 이들의 거의 완벽한 섬멸이 일본에게 계속적인 작전 수행의 가능성을 제공한 것이다. '일본이 무엇을 했는가? 왜 일본은 우리를 돕지 않는가?'라고 재차 제기되는 이러한 의문에 대해서는 이렇게 말해야 한다. 일본은 전쟁 첫 해에 엄청난 것을 이룩했고 또 계속적인 공세를 위해 필요한 힘을 준비하기 위해 시간이 필요하다. 막대한 영토 획득에서 비롯된 일본의 전쟁 수행 상의 전략적 초점은 그것이 일본 본토와 매우 멀리 떨어져 있어서 오직 필요한 선적능력을 준비하는 것만으로도 어려움에 봉착해 있다는 점이다. 초점은 현재 뉴기니, 솔로몬제도와 버마다. 일본이 전년도의 군사 작전을 통해 획득한 막대한 영토는 이 지역을 적군의 공격으로부터 방어할 수 있을 때에만 비로소 확장하고 또 활용할 수 있을 것이다. 이는 적군을 지속적으로 흔들고 또 묶어놓을 반복되는 공세를 통해서만 가능하다. 오직 이러한 작전을 위해서라도 엄청난 인적, 물적 후방 지원이 요구되고 막대한 선적 능력이 필요하다는 것은 자명하다. 일본이 더 큰 작전을 준비하기 위해 일정한 시간이 필요하다는 사실을 받아들여야만 한다. 이러한 상황에서 대러 관계를 어쩔 수 없는 이유가 아니라면 변경하지 않는 것이 바람직하다. 동아시아에서의 대러 공격은 오래전부터 준비된 것이며 언제든 실전 배치하는 것도 가능하다.

적들의 프로파간다와 그저 부인할 수만은 없는 독일 내 영향에 대해 강연한 바 있는 일본 대사는 현 상황에 대해 나와 허심탄회하게 얘기를 나누었고 일본과 우리 사이의 우호 관계가 다시금 여론으로 표현되기 위해 일본도 모든 것을 다 하겠다고 약속했다.

바라건대 위에서 언급한 발언들이 확실하게 수용되어 일본과 우리와의 우호 관계를 강조해줄 것을 바란다. 이와 더불어 재독 일본인들이 궁극적인 반反유럽 투쟁을 위해 간첩행위를 하고 있다는 누차 반복되는 주장들을 확실하게 반박하는 것도 포함한다. 우리와 매우 밀접하게 운명적으로 결부되어 있는 우리 동맹국에 대한 그러한 입장은 현명하지 못할 뿐만 아니라 동시에 품위 없는 것이다.

푀르스터

Admiral z.V.[72]

1943년 스탈린그라드 전투에서의 패배로 동부 전선이 무너진 상황에서 독일협회의 이사장 퇴역 제독 푀르스터는 지금은 아니지만 언젠가 일본이 대소전을 개전할 것이라는 기대와 희망을 놓지 않고 있었다. 그러면서 미·영美·英 등 추축국의 적들의 프로파간다에 맞서 독·일 양국의 우호 관계를 더욱 더 강화하는 문화 '사업'을 통해 동맹의 '정치'에 독일협회가 앞장서 기여하자는 취지다. 이로부터 분명한 것은 음악, 미술, 학문, 출판, 방송 등 모든 문화 영역이 바로 이러한 정치를 위해 복무하지 않으면 안 되는 절박한 상황으로 치달을수록 문화는 더욱 더 정치의 시녀가 될 수밖에 없다는 사실이다. 전쟁이 극단으로 갈수록 음악 역시 더욱 더 도구화되었다.

---

72 R64 IV, 167, 124–126.

1942년 9월 18일 그날의 〈만주국〉

1931년(쇼와 6년) 9월 18일 밤 10시 20분, 중국 동북부(만주), 요령성遼寧省의 심양(봉천)에서 가까운 류조호柳條湖에서 남만주 철도의 노선 일부가 폭파되었다. 관동군 참모 이사하라 칸지 등에 의해 1929년부터 주도면밀하게 준비해 온 작전이 여기서 실행된 것이다.[73]

이날, 곧 만주사변 10주년이 되는 1942년 9월 18일 금요일 오후 6시 베를린 필하모니에서는 〈만주국 건국 10주년 경축 음악회〉가 개최되었다. 1940년 황기 2,600년 봉축 음악회를 만주국에다 적용한 것이다. '대편성 베를린 라디오 오케스트라(Große Berliner Rundfunkorchester)'와 라미 합창단이 협연했다. 〈축전곡(Festmusik)〉이라고 영상의 오프닝 크레딧에 나와 있는데 1940년 슈트라우스의 〈일본 축전곡〉을 그대로 연상시킨다. 정식 곡명은 〈대편성 오케스트라와 혼성 합창단을 위한 교향

---

73 가토 요코(2007), 《만주 사변에서 중일 전쟁으로》, 서울:어문학사, 2007, p.16.

환상곡 '만주국(Mandschoukuo)'〉이다. 에키타이 안의 〈만주국 환상곡〉은 좀 더 큰 그림의 일부라고 해야 한다. 즉 '만주국 건국 10주년 축전 사무국'은 황기 2,600년 봉축 음악 행사의 선례에 따라 국제적으로 경축 음악을 의뢰했다. 즉 〈일·독·이 경축 악곡 발표회〉가 그것인데, 태평양전쟁이 동남아로 확전되어 독일과 이태리의 악곡을 주고받을 방법이 없는 사정으로 아시아에 거주 중인 독일과 이태리의 작곡가에게 이를 의뢰하기로 했다. 그래서 동경 음악 학교 교수로서 이미 슈트라우스의 〈일본 축전곡〉을 초연한바 있는 헬무트 펠머와 상해에 주재 중인 이태리 작곡가 페레갓티가 선정되었다. 축전 사무국은 곡의 발표 방식으로 일본 연주가 협회에서 약 40명을 받아서 신경 음악단과 합동으로 신경, 하얼빈, 봉천 등에서 연주회를 개최하기로 하고, 먼저 9월 21일과 22일에는 신경에서, 23일과 24일에는 대동공원 야외 음악당에서 연주회를 열기로 했다. 공식 초대일에는 펠머가 자신의 곡을, 그리고 다른 곡은 만주국 1942년 신국가의 작곡자이기도 한 야마다 코오사쿠山田耕筰 등이 지휘를 맡기로 했다.[74] 그렇게 보면 만주국 신경, 하얼빈과 독일의 베를린에서 약 1주 간격으로 국제적인 경축 음악회가 열리는 셈이었다.

이날 '일본' 지휘자 에키타이 안은 〈베토벤 에그몬트 서곡〉, 〈교향곡 제7번〉, 그리고 자신의 〈에텐라쿠〉와 이날의 하이라이트인 〈만주국〉을 지휘했다. 이 날의 연주는 녹화되어 어떤 형태로든 음반화한 것으로 알려져 있지만 현재 악보도 음원도 찾을 수 없다.[75]

---

74 《音樂之友》 제2권 제12호 1942년 12월, p.113-115.
75 〈독일연방문서보관소〉 영상 자료실에 소장되어 있는 당일의 7분짜리 영상은 한국에도 소개된 적이 있다. 그리고 필자가 직접 촬영한 영상이 있는데, 검은 사선 테이핑을 하는 조건으로 촬영 동의를 받을 수 있었다. 정부 차원의 정식 교섭을 통해 하루속히 관련 자료 전부를 복사, 열람

〈만주국〉의 악보를 배경으로 한 오프닝 크레딧(베를린 연방문서보관소에서 직접 촬영)

앞에서도 언급한바 있지만 〈프랑스 국립 시청각연구소(Institute national de l'audiovisuel)〉에 보관되어 있는 독일의 1942년 10월 2일자 뉴스 필름(France Actualites)에도 위 영상의 마지막 40초가 들어 있다. 당시만 해도 독일에게 전황이 그리 불리하지 않을 때였다. 세계 곳곳의 전황이 주요 토픽이었는데 13분 가량의 필름 중 09:04~09:43까지 편집한 부분은 현재 유튜브를 통해 볼 수 있다.[76] 영상에 대한 코멘트는 이렇다. "베를린에서는 유명한 일본인 지휘자 에키타이 안이 그의 작품 중 한 곡을 직접 지휘 연주하는데, 이 곡은 오늘날 일본 음악에 미친 서양의 영향을 보여준다."[77] 전형적인 오리엔탈리즘적인 시선이라 할 만하다.

〈만주국〉의 합창 파트 대본은 에하라 고이치가 쓴 것이다. 옆에서 곡

할 수 있기를 바란다. 영상의 오프닝 크레딧 배경이 바로 〈만주국〉의 악보다.

76 https://www.youtube.com/watch?v=YTS5lyKBfFc

77 위 유튜브 영상 참조. "A Berlin, le célèbre chef d'orchestre japonais Ekitai Ahn dirige lui — même l'exécution d'une de ses oeuvres qui révèle l'influence occidentale sur la musique nippone d'aujourd'hui."

의 창작 과정을 지켜본 에하라 고이치는 이렇게 증언한다.

> 그 당시 그[안익태―필자]는 중국의 멜로디를 따, 나의 작사 부분
> 을 곡 말미 합창 부분에 넣어 한 시간 정도의 연주가 요구되는 축
> 전곡을 만들었다.[78]

그런데 에하라 고이치가 여기서 말하는 '중국의 멜로디'는 도대체 무엇일까? 살피건대 지금의 〈한국 환상곡〉 4악장 여성 합창으로 등장하는 좀 이질적인 중국풍의 선율, 즉 "화려한 강산 한반도 나의 사랑 한반도 너희뿐일세~" 이하로 보인다. 정치용 지휘 버전[79]에서 보자면 19분 44초에서 20분 15초까지다. 이 부분은 독일연방문서보관소본 영상의 4분 22초에서 5분 02초 여성 합창 부분과 사실상 동일하다. 여러 정황으로 볼 때 에키타이 안이 당시 만주국에서 유행하는 멜로디를 차용 또는 변용했을 것으로 보인다. 이 부분이 피날레에 배치되어 있기 때문에 이 글의 아래 곡 해설에 나오는 "10년간의 수고스럽지만 보람 있는 시간이 지나갔다. 이 시간을 기념하는 합창이 환호하듯 울려 퍼진다."는 취지로 작곡된 것이 아닐까 추정된다. 아래에서도 기술하고 있듯이[80] 안익태는 1944년 개작 때 이 부분을 들어낸다. 이것이 이른바 1944년판 〈코리아 판타지〉다. 이 부분을 1954년판 악보 뒷부분에 사보해 두었는데 이를 이후 재사용한다. 다시 말해 흔히 말하는 '습작 노트'가 바

---

78 에하라 고이치 〈안익태 군의 편모〉(이 책의 부록3) 참조.
79 91)https://www.youtube.com/watch?v=zXK3JZO126l&t=1225s
80 이 책의 9.3장을 참조.

로 에하라 고이치가 말하는 '중국의 멜로디'라고 판단한다.[81] 그렇게 본다면 지금도 우리는 〈한국 환상곡〉 피날레에서 만주국의 선율을 부르고 또 듣고 있는 셈이다.

그리고 이날 일본어로 불린 에하라의 합창 부분 텍스트는 이렇다.

1. 10년 세월 제국은 무르익었다. 부지런한 땀은 보답 받았네. 민중은 환호한다. 나라는 저 멀리 빛난다.

2. 하나의 생각으로 통일되어 사람들은, 희망에 차 번성한다. 난蘭은 환히 피었고, 새 질서의 첫 열매가.

3. 우리는 일본과 굳건히 연결되었네. 이 신성한 목표 속에 하나의 심장과도 같이, 영원한 평화를 이루기 위해서라네, 독일이여, 또한 이탈리아여. 힘을 냅시다.

4. 영원한 봄날은 이미 가까이 와 있네, 모든 족속 만족해할 그날이. 보라! 저 만주 평원 위에, 향기로운 난 환히 피었다.[82]

이날의 연주회 프로그램은 4악장 (1악장 서주, 2악장 목가, 3악장, 4악장 피날레) 각각을 이렇게 해설하고 있다.

---

81 이 '습작 노트'에 대해서는 전정임(1998), 『안익태』, 서울:시공사, 1998, p.152-3. 그리고 안익태가 직접 지휘한 1961년 로스앤젤레스 필하모니 오케스트라 실황 음반에는 이 부분에 아무 가사도 없다. 이 '중국의 멜로디'에 다시금 '화려한 강산 한반도〜' 가사가 붙게 된 과정은 현재로선 확실하지 않다. 다만 추정할 수밖에 없는데 안익태 본인이 1961년 실황 이후에 수정했거나 아니면 1986년 안익태 추모 음악제를 앞두고 안익태 기념사업회의 의뢰를 받은 작곡가 정윤주가 악보를 재편성하는 과정에서 삽입했을 가능성이다. 그 어느 것이 사실이든 이 모든 것이 어찌 보면 한편의 블랙코미디라 부르기에 손색이 없다.
82 이 텍스트는 송병욱(2006), 「안익태의 알려지지 않은 두 작품」, 《월간객석》, 2006년 3월호, p.88 재인용.

서주는 먼 옛날 만주국의 축복받은 대지를 표현한다. 남녀노소가 축제를 벌이고 평화로운 삶이 계속된다. 트롬본 소리가 들리고 이것이 첫 번째 민속 선율 주제이다. 평화로운 분위기는 폭군의 등장으로 일순 무너지고 파괴된다. 정치 성장과 봉기에 힘입어 구원자들(Erretter)이 폭군을 몰아내고 안정과 평화는 회복된다.

2악장. 목가가 이어진다. 대지 위로 동이 터 온다. 부드러운 바람이 조용히 불고 새들은 지저귀고 농부들은 일터로 간다. 하루가 저물어간다. 황혼이 만주국의 대평원에 깔린다.

3악장. 다시 찾은 평화로운 삶은 자연 그대로가 아니라, 만주국의 경제적 정신적 신질서(Neuordnung)에 두루 퍼져 있다. 이 질서는 아시아의 낡고 단순한 평화로움을 넘어 세계 열강과 협력하여 영원하고 진정한 평화를 이룰 것을 목적으로 한다.

피날레. 10년간의 수고스럽지만 보람 있는 시간이 지나갔다. 이 시간을 기념하는 합창이 환호하듯 울려 퍼진다. 새로 얻은 활력으로 다음 10년을 맞이하려 한다. 힘찬 행진곡 소리가 사람들에게 이에 동참할 것을 청한다.[83][84]

---

83 송병욱(2006), p.88 재인용.

84 안익태가 남긴 디스코그라피는 매우 빈약한데 그가 직접 지휘한 남아 있는 음원이 로스앤젤레스 필하모니 오케스트라와 합창단을 지휘한 서라벌 레코드사의 LP음반이다. 이 음반의 곡 해설을 잠깐 읽어보자.
"서두에 천지를 진동하듯 개국을 알리는 전 관현악의 화음에 의한 음향이 터지면, 곧 이어 호른의 서정적인 멜로디가 우리 아름다운 강산의 정경을 그리듯 흘러나온다. 이 평화롭고 소박한 분위기는 전원적인 서정으로 이어지며, 플루트의 구성진 우리 민요 가락이 다른 독주 악기와 더불어 산뜻하게 흘러나온다. 우리 민족이 평화를 사랑하고 순박한 민족성임을 암시하듯 구김살이 없는 아름다운 정감이다. 다시 곡은 호른의 흥취 있는 주제로 시작되어 밝고 흥겨운 타령조로 바뀌어 곡상은 무도 곡조의 분위기로 전개된다.
그러나 이 평화롭고 토속적인 전원 풍경은 일제의 침략으로 산산이 부서지고 민족 비운의 암흑시대로 바뀌고 만다. 평화로운 우리 고유의 가락은 끊기고 민족의 저항과 투쟁이 시작된다. 치열한 노동은은 바로 저 독일연방문서보관소본本 〈만주국〉의 7분짜리 동영상을 제공받아 이를 채보한 뒤, 이를 현행 곧 안익태 기념사업회판 〈한국 환상곡〉과 비교했다.[85]

그 결과 첫째, 〈한국 환상곡〉 482마디 이하 곧 "화려한 강산 - / 한반도 /나의 사랑 한반도/ 너희뿐일세, 무궁화 삼 - 천리/나의 한반도/ 영광의 태극기 - /길이 빛나라"와 〈만주 환상곡〉 중 피날레의 여성 합창 파트가 일치함을 확인했다. 전정임에 따르면 "이 화려한 강산 한반도 부분은 전체 악곡을 통틀어 가장 늦게 첨가된 부분이다. (…) 1954년판 악보 뒷부분에 이 선율의 습작 노트가 첨가되어 있는 것으로 보아 이미 그 시기부터 이 선율을 사용하려는 계획을 세워놓고 있었음을 알 수 있다."[86] 1942년의 〈만주국 환상곡〉의 존재를 몰랐던 전정임으로서는 이렇게 볼 수 있겠다. 그리고 노동은에 따르면 1947년 고려 레코드가 발매한 안익태 지휘 고려 레코드 관현악단 연주의 〈한국 환상곡〉에서 지금처럼 완벽하게 연주하는 것으로 보아 〈만주국 환상곡〉 이후 계속 사

독립을 위한 항거가 계속되고 사이사이에 옛 평화로운 가락이 나오다가도 끊기고 다시 투쟁이 계속된다. 전 관현악의 강한 음향이 분위기를 더욱 장엄하고 처참하게 만든다. 3.1운동의 민족의 절규와 함성이 천지를 진동한다. 행진 곡조의 나팔소리와 함께 애국가가 힘차게 불리지만 강압에 흐트러지고 점점 사라진다.
이 독립 투쟁에서 희생된 수많은 애국지사들의 영혼을 추도하는 진혼곡이 아악의 정취로 연주된다. 그러나 민족의 독립 투쟁은 의지 굳게 다시 일어나 우렁찬 합창으로 '대한 만만세!'를 외치며 여기에 애국가를 소리 높이 외친다. 8.15 민족 해방의 환희와 감격을 소리로써 외치고 독립의 쟁취를 선언한다.
그러나 독립의 기쁨과 평화로운 분위기도 길지 못하고 우리 강산은 다시 공산군의 남침으로 민족 비극의 암운 속에 시달린다. 옛 평화스러운 노래가 나오다가도 끊기고 만다. 이 민족 비극의 6.25동란에서 조국 수호를 위해 희생된 영령들의 진혼을 위한 무거운 장송곡이 나오고 전체 민족의 애국가가 울려 퍼지는 가운데 종결부로 곡이 끝난다."
85 노동은, 「만주음악연구1 - 만주국의 음악 정책과 조선음악인들」, 동국대학교 문화학술원 한국문학연구소 편, 「제국의 지리학, 만주라는 경계」, (서울: 동국대학교 출판부, 2010) p.224이하. 이 글은 아래에도 실려 있다. 노동은, 「친일음악론」, (서울:민속원, 2017).
86 전정임(1998), p.152.

용된 것으로 보고 있다.[87] 그리고 노동은은 〈한국 환상곡〉의 "화려한 강산 - / 한반도 /나의 사랑 한반도/ 너희뿐일세, 무궁화 삼 - 천리/나의 한반도/ 영광의 태극기 - /길이 빛나라"가 〈만주 환상곡〉의 합창 가사 3 연과 4연에 맞추어졌을 것으로 추정한다.

둘째, 〈한국 환상곡〉 509마디 이하, "무궁화/삼천리 - / 나의 사랑/아, 영광의/ 태극기/길이/빛나라" 부분 역시 〈만주 환상곡〉의 두 번째 합창 파트와 일치하는 것으로 파악된다. 이 파트 역시 〈만주 환상곡〉의 텍스트 1, 2연에 조응하는 것으로 보인다.

여기서 에하라 고이치의 텍스트 가운데 특히 제3연은 정치색이 두드러진다.

> 일본과의 동맹은 확고하다네. Mit Japan sind wir fest verbunden.
> 성스러운 목표 향해 하나의 심장처럼 Wie ein Herz, im heiligen Ziel
> 영구 평화를 위해 Um zu schaffen ewigen Frieden,
> 독일이여, 그리고 이태리여. 최선을 다하세. Erstrebt Deuschland,
> auch Italien viel(번역 ― 필자)

즉, 독·이·일 삼국 동맹을 호명하며 그 미래를 노래하고 있는 것이다.

1941년 12월 일본이 진주만을 공격한 뒤 1942~1943년 나치는 독·이·일 삼국 동맹을 확고히 하기 위해 대단히 공을 들인다. 심지어 1942년 나치의 공식 출판사에서는 『일본의 힘에 숨은 비밀(Das Geheimnis

---

87 노동은(2010), p.232 각주 69.

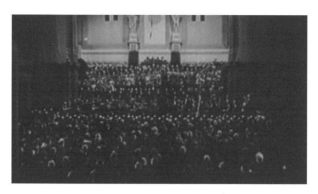

1942년 9월 19일 〈만주국〉공연 장면

Japanischer Kraft)』라는 책을 내면서[88], 대동아 공영권 수립을 위한 일본
의 투쟁은 곧 앵글로색슨 제국주의, 독점주의자들에 맞서 싸우는 우리
의 투쟁과 조금도 다를 바 없다고 입에 침이 마르게 칭찬했다. 9월 18
일 베를린 연주회의 청중 가운데는 '나치보다 더 나치즘을 신봉한다는',
그리고 전후 A급 전범으로 기소된 오오시마 히로시(大島 浩, 1886년 ~
1975년) 주독 일본 대사의 모습도 보인다. 그 다음 사진은 에하라 고이
치며 그 옆의 여성은 오오시마 대사의 부인, 또 그 옆은 여의문 만주국
공사로 보인다. 아무튼 이 말은 그날 〈만주국〉 연주회의 정치적 위상이
결코 만만치 않았음을 의미한다.

---

88 Albrecht Fürst von Urach(1942), *Das Geheimnis Japanischer Kraft*, Berlin:
Zentralverlag der NSDAP 1942.

주독 일본 대사 오오시마 히로시

에하라 고이치와 주독 만주국 공사 여의문(가장 오른쪽 남성)

〈만주국〉 공연 장면, 가운데 일장기와 양옆은 만주국 국기

에키타이 안은 그 다음해 독일어권에서 두 번째 〈만주국〉 공연을 갖는다. 동부 전선, 곧 스탈린그라드 전투에서 독일의 패배가 확실시되던 1943년 2월 11일 목요일 오후 7시 반, 그 유명한 빈의 무직페어라인(음악협회) 대공연장에서 빈 국립 오페라 합창단 그리고 시립 오케스트라를 지휘해 베토벤의 〈레오노레〉 서곡과 〈교향곡 제7번〉 그리고 자신이 작곡한 〈만주국〉이 무대에 올랐다. 그리고 흥미롭게도 2월 11일은 일본의 기원절, 곧 건국 기념일이었다. 이날 연주회에는 베를린 일본 대사관 참사관과 그리고 만주 공사관에서는 에하라 고이치가 참석했다. 이 두 번째 〈만주국〉 연주회와 관련된 배경이 흥미롭다.

에키타이 안은 1941~42년 나치 시기 빈 총독(Reichsstatthalter) 발두어 폰 쉬락이 관장하고 독일협회 빈 지회가 주최하는, 〈전시 동계 지원 사업〉을 위한 독일협회 주최 연주회 시리즈를 통해 데뷔하였다. 원래 1942년 2월 3일로 예정된 연주회는 전시 석탄 부족으로 3월 12일로 연기되었다. 연주회 프로그램에는 베토벤의 〈에그몬트 서곡〉, 에키타이 안이 오케스트라 버전으로 편곡한 바흐의 〈토카타와 푸가 C장조〉, 리스트의 〈피아노 협주곡 A장조〉, 일본 황기 2,600년 기념으로 리하르트 슈트라우스가 작곡한 〈일본 축전곡〉이 들어가 있었다. 또 한 번 그런 연주회가 1943년 2월 11일에도 열렸다. 독일협회의 비엔나 지부 사무총장은 그 연주회의 전사를 이렇게 기술한다.

에키타이 안 씨는 일본 대사관 참사관 M. 이마이를 통해 자신의 희망을 표현한 편지를 보내게 함으로써 비엔나에서 자신의 〈만주국 환상곡〉을 공연할 수 있었다. 이 연주회는 5월 초에 그것도 〈만주국 환상곡〉과 베토벤의 교향곡 9번 〈합창〉을 함께 올리자는 것이었다. 하지만 여기 비엔나에선 그런 식의 연주 편성은 완전히 불가능했기 때문에, 비엔나 총독 발두어 폰 쉬락에게도 문의한 뒤 일본 건국 기념일인 1943년 2월 11일에 계획된 연주회 때 오직 일본 작곡가의 일본 음악만으로 무대에 올리는 식으로 진행하자고 결정했다.

그렇지만 베토벤 〈교향곡 7번〉과 〈레오노레 서곡〉 등 베토벤의 작품과 에키타이 안의 작품을 묶었던 그날 밤 연주회는 독일의 스탈린그라드 전투 패전이라는 암울한 분위기 속에서 개최되었다. 빈 지회 사무총장은 "지금 이 불쾌하게 억눌린 분위기가 다수 청중에게 영향을 미칠 것이고 나는 모르긴 해도 상당량의 표를 공짜로 나눠줘야 할 것 같았다."고 말했다. 만주국 건국 10주년을 기념해서 작곡된 이 작품은 (일본어로 부른) 소박하지만 힘 있게 종종 유니슨unison으로 이어지는 마지막 합창 속에서, 희망에 찬 평화의 사절처럼 울려 퍼졌다.[89]

스탈린그라드 전투 패배 이후 더 한층 짙어진 패전의 무거운 분위기에서, 에키타이 안은 이들을 위로하기 위해 '일본어로' 된 저 감동적

---

89 Haasch(1996), p.277-278.

인 합창 부분을 지휘하고 있었다. 물론 그때는 〈만주국〉의 클라이맥스이지만 말이다. 과연 이들이 〈만주국〉과 〈코리아 환상곡〉의 내밀한 관계를 상상이라도 할 수 있었을까. 또 에키타이 안이 바랐던 것처럼, 이 〈만주국〉과 베토벤 9번 〈합창〉이 함께 무대에 올랐다면 어찌 되었을까.[90] 전쟁의 한복판 하루하루 고단한 삶을 견뎌야 했던 혹한 속의 비엔나 시민들이 에키타이 안의 일본어로 된 오족 협화의 선율에 진정 위로를 받았을까. 그가 일본 건국 기념일에 〈만주국〉을 통해 비엔나 시민들을 위무하고 전의를 독려하던 그 시간대, 조선의 민중들은 나날이 일제의 탄압과 수탈, 그리고 강제 징용으로 내몰리고 있었다고 말한다면 그저 다른 나라 얘기라고 할 것인가. 그렇다면 안익태는 참으로 위대한 코스모폴리턴 박애주의자였음이 분명하다.

90　베토벤의 〈교향곡 9번〉과 자신의 〈코리아 판타지〉, 아니 당시는 〈만주국〉을 같은 무대에 올리겠다는 야심은 결국 1960대년에 가서야 이루어졌다. 물론 한국에서 말이다. 이 책의 10.2장을 참조.

우리에게 〈만주국〉이란?
소설가 박영준 그리고 에키타이 안의 경우

만주국의 민족 협화

에키타이 안이 노래한 〈만주국〉은 어떤 나라였을까. 만주국 국무원 총무청은 만주국에 대해 이렇게 말한다. "우리 만주국은 3천만 민중의 총의에 기초하여 순천안민順天安民의 큰 뜻에 따라 왕도 정치를 실시하고 민족 협화를 구현하며, 인류의 영원한 복지를 증진시키기 위해 태어난 신흥 국가이다. 만주국의 건국 이상과 건국 정신은 세계 역사에 그 유례를 찾아볼 수 없을 정도로 숭고한 것이어서 (…) 만주국의 출현은 세계의 정치 형태에 가장 신선하고 도의적인 모델을 새로이 부가한 사상事象으로서, 세계의 정치학자는 만주국을 위해 새로운 정치 학설을 만들지 않으면 안 된다."[91]

전후 일본 총리를 지낸 당시 만주국 총무청 차장 기시 노부스케는,

---

91 滿洲國國務院總務廳 編, 〈宣傳硏究(1)〉(1937), p.1. (윤휘탁, 《만주국: 식민지적 상상이 잉태한 '복합민족국가'》, 서울: 혜안, 2013. p.29 재인용)

만주국을 건설할 때 "민족 협화民族協和, 왕도낙토王道樂土의 이상이 빛났고, 과학적으로도 양심적으로도 과감한 실천이 이루어졌다. 그것은 바로 독특한 근대 국가 만들기였다. 직접 이에 참가한 사람들은 커다란 희망을 품고 지고지순한 정열을 기울였을 뿐만 아니라 일日·만滿 양 국민도 이를 강력하게 지지하였으며 인도의 성웅 간디도 멀리서 성원을 보내주었다. 당시 만주국은 동아의 희망이었다."라고 했다.[92]

오족 협화도

일본 식민 당국 스스로 규정하듯 이른바 '복합 민족 국가' 만주국은 민족 협화, 더 정확히 말해 한족, 만족, 몽골족, 조선인, 일본인 등 오족五族에다 러시아인(유태인 포함)을 더해 육족六族이 모두 평등하므로 다 함께 힘을 합해 '공존공영'한다는 이념을 표방했다. 단일 민족 국가 이념이 지배적인 세계에서 만주는 일종의 거대한 인종 실험장 같은 것이었다. 하지만 현실은 전혀 딴판이었다.

중국인들은 조선인을 "기본적으로 이중 국적을 이용해 중국과 일본

---

92 윤휘탁(2013), p.28 재인용.

을 기웃거리면서 생존을 도모하거나 중국인의 심복 노릇을 하면서도 일본을 위해 일하는 얄밉고 경멸스러운 기회주의자이자 일본의 앞잡이(스파이)"로 인식했다. 또 일본인은 "신新일본인(조선인)에 대한 통치권을 움켜쥐고 그들을 앞세워 만주를 침략하려는 제국주의 침략자이자 신일본인의 주인"으로 비쳤다.[93]

민족 협화의 이념이 일상화된 차별을 가릴 수는 없었다. "만주국이 만들어지자 일등은 일본인, 이등은 조선인, 삼등은 한·만인으로 구별하고, 배급 식량도 일본인에게는 백미, 조선인에게는 백미 반 고량 반, 중국인에게는 고량으로 나누었고, 급료에도 차이를 두었다."[94]

심지어 만주국의 관동군 사령관이 만주 내 일본인 관리를 위해 배포했다는 수첩, 곧 〈복무수지服務須知〉에는 이렇게 기록되어 있었다고 한다. "조선민족과 한漢민족 사이는 소원하게 해야지 친밀하게 만들어서는 안 된다. 양 민족이 충돌했을 경우 그 시비가 동등하다면 조선민족 편을 들고 한漢민족을 억누른다. 조선민족에게 잘못이 있으면 한漢민족과 동등하게 다루어야 한다." 나아가 만계, 즉 만주족이나 한족출신 관리에 대해 "친일파인건 반일파이건 그들의 언론, 행동, 공적·사적 생활에는 주의해야 한다. '우리 민족이 아니면 그 마음은 반드시 다르다.'라는 말을 잊어서는 안 된다" 그리고 "일본인을 제외한 타민족의 재산은 오로지 축소·감소시켜야 할 뿐 이것을 증가시켜서는 안 된다."고 적혀 있었다 한다.[95] 다시 말해 이는 민족 협화의 이상이라기보다, 민족 간을

93 윤휘탁(2013), p.452
94 야마무로 신이치(2009), 『키메라 만주국의 초상』, (서울:소명출판사, 2009), p. 268.
95 야마무로(2009), pp.269-270.

이간하고 반목시켜 식민 지배로 이용하는 것에 다름 아니다.

그렇다면 만주국 '이등 국민' 조선인들의 현실은 어떠했을까. 물론 만주국 건국대학 교수로 《만선일보》 주필을 역임했던 최남선처럼 안정적인 자리를 잡은 조선인이 없었던 것은 아니다. 하지만 "대다수 조선인들은 '만주에 가면 잘 살 수 있다!'는 선전과 소문을 듣고 만주로 건너갔지만, 만주국에 안착하지 못하고 가난과 추위, 질병에 시달렸다. 그들은 대부분 하루하루 밥벌이를 찾아 농촌과 광산, 도시 등을 전전하며 일정한 직업 없이 소작농·머슴·날품팔이·노동자·잡일 등을 하면서 유랑자 같은 생활을 했다. 그러다보니 이사를 밥 먹듯이 했다. 극도의 가난과 부채에 시달리던 일부 사람들은 어린 딸자식들을 팔다시피 결혼시키거나 팔아버릴 수밖에 없었고 가족을 빼앗기기조차 했다."[96]

만주국의 현실은 정치는 물론이고 임금, 취업, 교육, 주거, 배급 등 사회생활의 모든 영역에서 차별과 배제가 '협화'보다 우선했다. 다민족 간에는 오히려 불신과 증오, 그리고 폭력이 난무했고 힘의 논리가 판을 치는 가운데 결국 우월한 일본인 대 '열등한' 나머지의 노골적인 지배 관계만 남게 된 것이다.

만주국 초기에 어느 정도 누렸던 일정한 자율성은 1941년 12월 태평양전쟁 발발 이후 사실상 무효화된다. 만주국은 일본의 전쟁 수행에 기여하고 공헌하는 철강·석탄 등 원자재와 식량 창고로서의 역할이 우선시된다. 기존에 일본 내각 육군성 → 관동군 → 만주국 총무청으로 이어지는 정책 결정 과정, 곧 지배·통제의 경로도 이른바 대동아 공영

---

96 윤휘탁(2013), pp.119–120.

권 출현 이후에는 1942년 새로이 설치된 대동아성 내 만주 사무국을 통한 직할 체제로 변경된다. 사실상 노골적인 일본의 식민지가 된 것이다. 이에 걸맞게 민족 협화의 만주국 건국 이념도 변경을 요구받았다. 이를 만주제국 정부가 엮은 〈만주 건국 10년사〉는 이렇게 적고 있다. 이전 민족 협화의 의의는 "단지 모든 민족이 투쟁을 멈추고 화합한다는 정도의 이해에 머물고 있었으나, 지금 '민족 협화'란 건국 이상의 실현을 향해 모든 민족이 한 방향으로 정진하기 위한 필요조건이요, 그것은 평면적인 융화 관계가 아니라 지도적·선도적 민족, 즉 일본인의 건국 이상 실현에 대한 봉사 정신을 중심으로 하여 다른 민족이 그를 추종·노력하는 것이다."[97] 이로써 만주국은 결국 일제가 만주사변 이후 동북을 무단 점령한 후 세운 괴뢰 국가임을 스스로 입증한 셈이다.

요컨대 만주국은 한 때 "동아시아 질서 변동의 진원지 역할을 한 만주에서 신기루처럼 나타났다가 일본의 패망과 더불어 사라진, '식민지적 상상과 제국적 욕망 속에서만' 존재했던 복합 민족 국가"였다.[98] 그렇게 민족 협화도 소멸되었다.

소설가 박영준의 「밀림의 여인」 개작

소설가 박영준(1911-1976)은 평남 강서 생으로 평양 숭실중과 연희

---

97 야마무로(2009), p.253.
98 윤휘탁(2013), p.487.

전문 문과를 졸업했고 1934년 《조선일보》를 통해 등단한 사람이다. 이후 1938년 이후 만주 길림성 반석현으로 이주하여 교편생활을 했다. 이 당시부터 협화회 활동을 한 것으로 보인다. 한국전 시기에는 육본 정훈감실 문관으로 종군 작가단 사무국장으로 활동했다. 1962년 이후 연세대학교 문과대 교수로 근무하다 1979년 세상을 떠났다.

우리가 여기서 보고자 하는 그의 소설 「밀림의 여인」은 1941년 6월 《만선일보》에 발표된 뒤 동 신문사가 편집한 재만 조선인 문선집 『싹 트는 대지』라는 작품집에 실렸다.[99] 그런데 이 작품이 그로부터 30년이 더 지나 1974년 6월 《현대문학》에 개작되어 발표되었다.[100] 1974년 발표 당시에 1941년 작품의 개작이라고 밝히지는 않았다.

내가 이 작품에 주목하는 이유는 그 문학적·문학사적 의미를 논구하자는 데 있지 않다. 이른바 창작 환경의 돌발적 변화가 올 것인지 알았건 몰랐건 해방이라는 전혀 새로운 정치사회적 조건에서 해방 전에 일어났던 일, 다시 말해 해방 전의 작품에서 일본이라는 외적 환경을 작품이 어떻게 대면했는지에 대한 최소한의 설명 또는 해명에 우선적인 관심이 있다는 말이다. 그 이유는 작품에 투영된 작가의 인식 세계에서

99 이 작품은 다시 연변대학 조선 문학 연구소 편(2009), 『20세기 중국 조선족 문학 사료 전집 제11집 박영준 소설』, 연길: 연변인민출판사, 2009, p.69 이하에 실려 있다. 이 책의 해제는 이 작품을 이렇게 평한다. "이 소설에서는 이 녀인이 다른 그 어떤 '마적', '호적', '비적' 등 무장 세력이 아니라 바로 '공비(共匪)'에게 끌려 산 속으로 들어간 것으로 교대하고 있어 위만주국의 국책에 동조한 친일 작품이라는 그 모습을 분명히 해준다. 그러면서도 작품에 나오는 김순이를 마치 '인간사회를 떠나 투쟁만을 일삼은 녀인이니 이럴 수밖에 없다'는 모종의 관념과 도식에 의하여 억지로 그려낸 듯한 느낌을 준다. 문학적인 매력이 전혀 없다고 하여도 과언이 아니다. 작가의 문학적 기량을 느끼기 힘들다."(박영준(1941), p.17). 편의상 이 책에서는 원작 「밀림의 여인」을 박영준(1941)으로, 개작 「밀림의 여인」을 박영준(1973)으로 표기한다. 그리고 박영준(1941)은 현대 우리말로 바꾸어 인용했다.
100 박영준(1973), 「밀림의 여인」, 『만우 박영준 전집6』, 도서출판 동연:서울, 2002,

어떤 것이 '본질적인 것'이고 또 어떤 것이 '상황적인 것'인지를 가리기 위함이다. 물론 이것이 두부 자르듯 쉬운 일이 아님은 자명하다. 하지만 상황적인 이유의 불가피성과 그로 인한 인간으로서의 작가의 한계를 인정하는 조건에서 그것이 어떤 작가의 인식 세계의 본질적인 것이라면 이는 또 다른 잣대로 평가해야 한다고 보기 때문이다. 그리고 이는 그저 과잉 이데올로기적 낙인 찍기를 피하기 위해서라도 필요한 과정으로 본다. 예를 들어 1913년 용정에서 태어나 만주를 소재로 한 작품 활동을 해 온 박계주 작가의 말이다.

> 자랑이 아니다. 변명이 아니다. 투쟁했다는 것은 더군다나 아니다. 나같이 유약한 사람이 징용, 전쟁, 공출, 일본 국채 등을 구가하는 소설을 쓰지 않았던 것은 다행한 일이거니와, 그리고 그것은 민족의 당연한 본분이요 의무니 자긍할 바는 못 되지만, 나는 내 작품이 일정시대 검열관의 손에 들어 갈 때마다 저것이 불통과되지나 않을까 하고 조바심을 하지 않아본 적이 없다.(…) 그러나 이 적고 보잘것없는 섬광마저 검열관의 손에 도려 내이는 때는 슬프지 않을 수 없었다. 심지어 이 소설집에 수록한 〈육표〉의 맨 끝에 '조선인 강달규지표'의 위 석 자 '조선인'까지도 민족의식을 고취하는 것이라 하여 거기까지 검열관(적어도 조선인 검열관)은 히스테리를 부려가며 삭제해 버렸으니 다른 것은 말해 무엇하랴. 그리하여 이번 이 작품들을 활자화시킴에 있어 삭제 당한 곳 혹은 써넣고 싶

으면서도 써넣지 못한 곳에 모두 가필, 정정했다.[101]

즉 권력의 검열에 의해 삭제당한 것, 혹은 어떤 자기 검열에 의해 자진 삭제하거나 미처 담지 못했던 내용을 변경된 정치사회적 조건에서 복원하는 일로서의 개작이라 볼 수 있을 것이다. 또 다른 경우도 있다.

> 1943년 가을 어느 날이었다. 신문사에서 지정 제목에 지정 내용을 붙여 400자 정도의 글을 쓰라는 것이다. 그 제목이란 '대동아전쟁과 문인들의 각오'란 것이고 그 내용이란 "대동아전쟁에서의 승리를 위하여 사실상 동요함이 없어 물질상 곤난을 극복하도록 문필을 다하여 고무해야 한다."는 것이었다.
> 나는 이 주문에 대하야 매우 망설였다.(…) 그래서 내심 상 격투하다 끝내 이기지 못하였다. 신문사 주문의 내용 요지에 약간의 살을 붙여서 그대로 쓰고 말았다. 왜냐하면 모처럼 얻은 '작가'라는 영예를 그대로 보존하기 위하여, 만일 이런 주문에도 응치 않는다면 내 존재는 문단에서 아주 없어지고 마는 것이 아닌가! 이렇게 생각되어서였다.
> 그 뒤 며칠 후에 나의 그 글이 내 이름까지 박혀 발표되었다. 비록 장편 대론은 아니고 또 여럿이 함께 그런 글을 쓰는데 껴묻어 쓴 것이라고 처음에는 자기 위안과 변명을 가지었다. 그러나 다시 곰

---

101 박계주, 「'처녀지' 후기」, 연변 대학 조선언어문학연구소 편, 「중국조선민족문학대계Ⅱ 소설집」, 흑룡강 조선민족출판사, 2002, p.563 (김재용 외, 「재일본 및 재만주 친일문학의 논리」, 서울:역락, 2004, p.64 재인용)

곰이 생각하니 나는 범죄자라고 느껴졌다.[102]

극도로 억압적인 환경에서 친일과 전쟁을 찬양하라는 주문에 직면해 작가, 나아가 지식인의 선택지는 그다지 넓지 않을 수 있다. 이 글의 작가 김창걸은 절필이라는 선택을 한 뒤, 해방 뒤 자신의 작품을 항일적 성격을 강화하는 쪽으로 개작했다. 해방 전과 후라는 상황에 따라 해당 작가가 자신의 이전 시기 자신의 작품에서 친일 성향을 덜어내고, 항일 성향을 보태고자 하는 것은 어쩌면 자연스럽고 이해할 만한 일이다.

만주국 협화회는 정식의 국가 기관은 아니었다. 당초 그것은 민족 협화를 건국 이념으로 하고 공산주의와 자본주의를 배격한다는 만주국의 사상적 지도 중심으로 기획된 정치 조직이었다. 하지만 명예 총재에 만주국 황제 푸이, 명예 고문에 관동군 사령관, 회장에 만주국 국무총리 등 사실상의 관변 조직으로서 재정 역시 만주국 국비로 충당하고 있었다. 협화회의 민족별 구성을 보면 한만족漢滿族 84%, 일본인 11%, 조선인 3%, 몽골족 0.4%, 러시아인 0.3%인데, 이를 각 민족별 인구 대비로 보면 각각 2.8%, 30%, 4%, 0.4%, 39%이다. 즉 한만족은 인구 대비 과소 대변되었다면 일본인과 러시아인은 각각 30%, 39%로 과잉 대변되었고, 조선인과 몽골족은 인구 대비에 부합하는 편이다. 하지만 실상은 중국인과 일본인 사이에 끼어 조선인은 눈치나 보는 신세였을 것이다.[103]

박영준은 만주국의 대중 통제 조직이자 정치 조직인 협화회의 회원

---

102 김창걸, 「절필사」, 연변 대학 조선언어문학연구소 편, 『중국조선민족문학대계 (제11권) 소설집 김창걸 등』 흑룡강 조선민족출판사, 2002, p.280 (김재용 외(2004), p.69 재인용)
103 윤휘탁(2013), pp. 178-180.

이었다.

「밀림의 여인」의 대강은 이렇다. 주인공 김순이는 어린 나이에 아버지와 그 첩의 학대를 받다가 시집보낸다는 식으로 쫓겨나 남편과 깊은 산골로 들어갔지만 공산비共産匪에게 잡혀 남편은 죽고, 그 길로 십년이 넘게 산중 생활을 한다. 순이가 그렇게 공산비, 곧 항일 유격대가 된 건 사소하고 별거 아닌 이유였다. 그녀는 "사회라든가 국가라든가 하는 관념을 너무나 달리 가지고 있을 뿐만 아니라 의식보다도 사상보다도 생활 그것으로써 주의主義를 실행하던" 공산비였다.[104] 그녀가 토벌대에 잡혀 '나'에게 인계된다. '나'는 어찌 보면 작가의 아바타다. 그 '나'는 "순이를 인간의 한 사람이란 것을 잊지 않았고 또 인간으로 살면서 사회와 너무나 큰 간격을 가지고 사는 것이 그이 개인으로 보아서 불행이라는 것을 느꼈기 때문에 참마음으로 돌아오기를 바라마지 않는" 그런 휴머니스트다. '나'와 순이는 플롯 상 문명과 야만이라는 도식 위에 얹혀 있다. 그래서 순이는, 교화되어야 할 열등한, 혹은 '정신적 귀화歸化'의 대상이다. 그런데 '나'의 반년에 걸친 끈질긴 노력으로 순이는 곧 '밀림의 여인'에서 '인간적인 여인'으로 인간의 삶 속에서 참된 여인으로 재탄생한다.

사상은 주변화되고 항일은 희화화되며 남는 것은 '인간', 그런데 그 인간은 문명 속의 인간이고 그 인간은 만주국 속의 인간이다. 귀화 또는 귀순은 순이가 곧 이 '문명' 안으로 들어가는 것이다. 그리고 그것을 통해 협화회의 사상전 또는 귀순 공작 또한 완성된다. 어찌 보면 조선

---

104 박영준(1941), p.70.

말의 개화파가 '문명'이라는 블랙박스를 통과하면서 일제에 집단 귀순했듯이, 이 오래된 문명 프레임은 식민주의 하에서도 도돌이표처럼 되풀이 된다.

'나'는 순이가 가진 "그들의 사상"에 대해 자기의 '사상'을 이렇게 설파한다. 이 부분은 1974년 개작에서는 삭제된다.

> 산에서 살든 그 생활도 무척 고달펏지요.(…) 그들의 사상이란 세계 인류를 행복하게 하기 위하여 노력하는 것이라 하지만 그것은 국가와 세계의 대부분이 부정당하고 위험하지 않습니까. 계급을 없이 한다는 것은 결국 한 계급만을 만든다는 것이오, 따라서 나머지 계급의 행복은 뺏는다는 것이 되니까요. 그렇다면 인류 전체의 행복을 위한 사상은 못 될 것입니다. 진리가 절대적인 것이 못 된다면 그 사상만이 절대성을 가진 것이라 말할 수 없고 따라서 인류를 행복하게 하기 위한 수단에도 여러 가지 방법이 있을 것입니다. 긴상[김상―김순이]도 이 세상이 마음에 안 든다고 말할 것이 아니라 좀 더 다른 방법으로 인류를 행복하게 하겠다는 생각을 가진다면 여기서도 하고 싶은 일을 할 수 있으리라고 생각합니다. 비판을 한다든가 절망을 한다는 것은 인간이 가장 약해질 때 가지는 성격입니다.[105]

자신이 아끼던 금반지를 훔쳐간 나쁜 자를 죽여버리겠다고 흥분하는

---

105 박영준(1941), p.84.

순이에게 '나'는 또 이렇게 말한다. 이 또한 "어떤 기회에나 그의 사상을 움직이게 하려고" 한 말이다. 이 역시 이후 개작에서 삭제된 부분이다.

산에는 그런 사람이 하나도 없어요. 나쁜 사람 없는 데가 좋지 않아요! 난 아무래도 이 세상에선 못 살 것 같아요.

물론 산에는 그런 사람이 적을 것입니다. 첫째 사람 수효가 적고 또 개인의 자유랄 게 전혀 없으니까요. 그런 일을 하면 곧 눈에 띄이고 또 즉시에 극형이 있으니까요. 그러나 나쁜 사람이 없는 게 아니라 나쁜 짓을 못하지요. 그러나 적은 일을 저질렀다고 총대를 내밀어 버린다면 그 사람은 없어지고 마는 게 아닙니까. 사람이란 건 본래부터 악성을 가진 게 아니라 환경에 의해서 그런 일을 하게 되는 것이지만 그런 일을 다시 못하게 훈계하고 나쁜 생각을 다시 못하게 훈계하도록 처벌을 하면 될 것입니다.(…) 적이면 죽인다는 것은 규율이 도덕처럼 서지 못한 새로운 사회의 과도기적 수단입니다.[106]

1974년 개작된 「밀림의 여인」에서는 '나'의 신상이 공개된다. '만주국 길림성 교하현 흥농 합작사興農合作社 이사'다. 그리고 스스로 실토한다. "흥농 합작사라는 것은 일본인들의 만주 통치 정책의 농업 부문을 담당하고 있는 기관이다. 더구나 최근의 농산물 증산 정책은 태평양 전

---

106 박영준(1941), p. 72-73.

쟁을 수행하기 위한 하나의 정책이다. 그런 만큼 이사로서 합작사의 사업을 수행한다는 것은 일본 정신에 투철하다는 증거가 된다."[107]

순이의 정체 역시 밝혀진다. 그녀는 '공산비' 즉 '공비'가 아니라 '조선 독립군'이다. '나'가 순이를 인계받은 데도 이유가 있음이 개작에서는 추가된다.

> 태평양 전쟁을 일으킨 일본이 우선 국내에 평정을 도모하여 일본에 항거와 투쟁하고 있는 만주 안의 수많은 빨치산을 비적이라고 일컬으며 토벌 작전을 벌이고 있는 사실을 나도 알고 있었다. 그러나 조선독립군이 무참히 토벌당하고 있다는 말에 독립군과 거리가 먼 생활을 하고 있으면서도 나로서 민족적인 자극을 받지 않을 수 없었던 것이다. 피라고 하는 것을 무시할 수 없는 하나의 증거였다고나 할까?[108]

'나'의 동기는 그러니까 '민족적인 자극'이었다. 그리고 그 '나'가 일본사람의 신임을 받고 있는 이유는 이렇다.

> (…) 일본사람에게 땅두 자유두 모든 걸 뺏긴 조선사람들이 그래두 살겠다구 만주까지 온 것은 무엇 때문입니까? 죽을 수가 없어서 살려는 거지요. 순이 씨는 나를 경멸하구 있겠지? 그렇지만 누

---

107 박영준(1974), p.532.
108 박영준(1974), p.531

군 좋아서 일본인에게 아첨하며 사는 줄 아우? 어쩔 수 없으니까 그러며 사는 거 아니겠소?[109]

만주국에서 "나이 사십에 이사직에 오른", 즉 빠른 출세를 한 '나'에게 공비가 아닌 독립군이라는 설정은 감당하기 어려운 딜레마를 가져다주었다.

'독립군!'
그들을 원조하거나 그들에게 협력하면 비국민이 된다. 비국민이란 말을 듣게 되면 일본사람들이 통치하는 곳에서는 살 수가 없다. 만약 순이가 생포되지 않고 제 발로 걸어와 숨겨달라고 했다면 그때 나는 어떻게 했을 것인가? 비국민이 되지 않기 위해 순이를 경찰이나 헌병대에 고발했을까? 고발하지 않을 수 없을 것이다. 그러면 그때 나는 민족에 대한 배신자로서 고민해야 할 것이다. 독립군을 고발한 자를 어찌 민족에 대한 배신자가 아니라 할 수 있을 것인가. 다행히 순이는 현역 독립군이 아니다. 독립군이 아니기 때문에 원조를 해도 무방하다. 그러나 독립군이 아니기 때문에 원조한다는 것은 순이를 독립군에서 멀리 떠나게 하는 일이다.(…) 그러나 민족의 잔광殘光 같은 독립군을 독립군이 되지 말도록 한다는 것은 민족에게 용서받을 수 없는 일이다.[110]

---

109 박영준(1974), p.536.
110 박영준(1974), p. 544-545.

공산비를 '귀화'시키기 위한 전제는 나의 '정신적' 우위다. 하지만 '민족의 잔광' 같은 독립군 순이 앞에서 이런 우위는 더 이상 유지될 수 없다. 그러면 이 딜레마를 어떻게 해결할 것인가. 그것은 의외로 아주 사소한 것이었다.

> 순이 말대로 그미는 산 속에서 살며 눈물을 몰랐을 것이다.(…) 오직 조국의 독립 그것 하나만을 생각하며 어떤 고통도 고통으로 생각지 않으며 살았을 것이다. 몸과 마음이 고달팠을 것이지만 불행이라는 것을 느끼지 못했을 것이다.
> 그렇게 살아온 순이에게 눈물을 가르쳐주다니……. 나는 인간의 모든 섭리를 창조한 신神의 영역 가운데서 눈물과 불행의 부분을 침범한 느낌이었다.
> 순이를 정상적인 감정의 소유자로 만들려고 한 내 노력이 결국 순이를 눈물 흘리는 인간으로 만들었다.[111]

순이의 정신적 귀화 프레임은 소멸되고 그 자리에 "정상적인 감정의 소유자", "눈물 흘리는 인간"이 자리 잡았다. 여기에 작가는 눈물 외 작품 속에 몇 가지 소품들을 배치해 '나'로 하여금 "변모해 가는 순이가 새사람이 되어간다는 느낌"을 갖게 만들었다. '헌 돈'을 버린 순이에게 돈은 헐었어도 쓸 수 있음을 '교육'하는 것, 맛있는 중국요리, 원피스 한 벌과 구두 한 켤레를 사 주는 것 등이 그것이다. 그리고 그 대미는 밀림

---

111 박영준(1974), p. 552.

에서 '집'으로 돌아가는 것이다. 여기에는 지난 일들을 반성하고 용서를 비는 순이 아버지의 편지가 있었다. 집으로 데려다 주고 헤어지는 자리에서 순이는 말한다. "꿈만 같아요. 그새 몇백 년을 산 것 같기도 하구요. 앞으로 선생님을 어떻게 잊을까요? 그게 제일 힘드는 일일 것 같아요." 순이의 "세 번째 눈물"이다.[112]

결국 친일은 '살려고 어쩔 수 없이 한 일'로 환원된다. 그래서 그 '나'가 "협화회에서 벌였던 귀순 공작이 겉으로는 친일이지만 이면으로는 조선 동포를 생각하는 위장된 친일, 은밀한 저항 행위였다고 역설한다. 그가 독립군이어도 '야만'적 산 생활에서 '문명'적 일상으로 돌아오게 만드는 과정은 여전히 정당하며, 그 정당성에 기대어 협화회 활동은 '조선 독립군'을 도와준 것이 된다."[113] 이것이 30년 뒤의 개작의 이유다. 예기치 못한 해방으로 기왕의 친일에 대한 관계를 박영준은 친일 논리의 고갱이라 할 '나 대 순이 = 문명 대 야만'이라는 프레임은 건드리지 않은 채, 그저 '민족적인 자극'이나 '살려고 하다 보니' 류의 좀 진부한 '눈물' 담론으로 우회, 회피하고자 한 셈이다.

---

112 박영준(1974), p.560.
113 이상경, 「'야만'적 저항과 '문명'적 협력. 박영준 「밀림의 여인」의 친일 논리」, 김재용 외 (2004), p.83. 이 논문에서 영감을 얻어 박영준과 에키타이 안의 개작 행위를 비교하게 되었음을 밝혀둔다.

에키타이 안의 〈만주국〉 개작

그렇다면 에키타이 안의 개작은 어떻게 봐야 하는가? 노르망디 상륙 작전 직전 에키타이 안은 프랑스 파리 베토벤 축제에서 지휘를 하고 있었다. 이후 그가 도피한 곳은 마찬가지 파시스트 독재 국가인 스페인이었다. 그런데 1946년 3월15일 에키타이 안의 이름이 바르셀로나 라디오 방송국 편성표(아래)에 등장했다.

우선 당일의 연주 목록을 보자. 이 날 에키타이 안은 스페인 바르셀로나 최고의 리세오 오페라 극장 심포니 오케스트라를 지휘, 바그너의 〈리엔치 서곡〉, 〈니벨룽겐의 반지〉에 나오는 '신들의 황혼', 본인이 작곡한 교향시 〈에텐라쿠〉(하늘에서 내려온 음악), 바흐의 〈토카타와 푸가 D단조〉, 〈푸가 G단조〉, 바흐 칸타타 〈오라, 달콤한 죽음이여〉를 주제로 작

바르셀로나 라디오 방송국 편성표(1946년 3월15일). 에키타이 안, 교향 환상곡 〈코레아〉, '세계 초연'이라고 되어 있다.

곡한 교향시를 연주하고 휴식시간 뒤에 1944~1945년 사이 작곡한 교

향적 환상곡 〈코리아Corea〉를 '세계 초연'했다고 되어 있다. 〈코리아〉는 3악장으로 구성되어 있다. 1. 나의 조국 2. 과거 3. 미래가 그것이다.

위에서 해방이라는 창작 환경의 본질적 변화에 대해 재만 조선인 작가들의 경우를 들어 그 반응 양태를 본바 있다. 에키타이 안 역시 1942년 초연된 〈만주곡〉을 삭제하고 새로이 〈코리아〉를 레퍼토리에 넣었다는 점에서 분명 새로운 반응을 보인 셈이다.[114] 그 텍스트가 남아 있는 재만 조선인 작가들이나 박영준의 경우처럼, 음원도 악보도 없는 1938년 초연 당시의 더블린 버전과는 달리 에키타이 안의 1944~45년 〈한국 환상곡〉 버전은 남아 있다. 그것이 1946년 3월 15일 바르셀로나 리세오 극장에서 '세계 초연'된 것이다.

전정임의 연구에 의하면 〈한국 환상곡〉은 1. 1938년 더블린 판에서 시작해서 2. 1944년 판, 3. 1950년 판, 4. 1953년 판, 5. 1954년 판, 그리고 마지막으로 이른바 6. 1986년에 출간된 안익태 기념사업회 편 〈한국 환상곡〉 공식 판이 있다.[115] 하지만 전정임의 1998년 연구에는 1942년 〈만주 환상곡〉이 빠져 있기 때문에 이를 감안하면 〈한국 환상곡〉은 총 일곱 개의 판본이 있는 셈이다. 그런데 우리의 관심에서 보자면 창작 환경의 본질적 변화라는 관점, 예컨대 당시 국내에선 해방, 유럽에서는 나치의 패망이 되는데 여기에 대해 작가가 이전의 부역 행위에 대해 어떤 반응을 보였는가가 문제가 된다. 그렇게 볼 때 1944~45년 판본이 의미가 있는 것이다. 하지만 1938년 판본의 악보가 없는 다음에

---

114   43) 바르셀로나 라디오 방송국의 당시 프로그램을 보면 에키타이 안의 〈만주국〉은 1944년 10월 30일 23:30-24:00까지 그리고 1944년 12월 10일 18:00-18:30까지 방송한 기록이 있다. 독일군을 응원하기 위한 의도로 보인다.
115   전정임(1998), p.134이하.

야 정확히 1946년 초연의 바뀐 내용을 알 수는 없다. 이와 관련하여 에키타이 안의 만주국 영상 필름을 최초 공개했던 송병욱은 "1944년 판 〈한국 환상곡〉이 (…) 수정된 더블린 판 〈한국 환상곡〉이었을 것으로 추정"한다.[116] 여기서 안익태를 기본적으로 옹호하는 입장을 취해온 허영한은 이렇게 말한다. "안익태는 하나의 〈한국 환상곡〉을 작곡했으며 이를 계속 제목만 바꾸어 〈교쿠토〉와 〈만주국〉으로 활용한 것이고 이 세 곡을 연결해 주는 공통 요소가 파스토랄, 즉 〈방아 타령〉 선율이란 점이 이를 방증한다. 결과적으로 〈쿄쿠토〉와 〈만주국〉은 없었다. 모두 〈한국 환상곡〉의 개작이었던 것이다. 물론 그 개작의 수준이 어느 정도였는지 확인할 길은 없지만 안익태에게는 그 곡들이 모두 〈한국 환상곡〉이었을 것이다."[117]

요즘 말로 원 소스 멀티 유즈one source multi-use식으로 자기 복제는 당대와 같은 전시 상황에서는 있을 법한 일이기도 하겠지만, 지금의 눈높이에서 보자면 자기 표절 혐의를 벗기 어렵다.

위에서 본 재만 조선인 작가들의 경우처럼 에키타이 안은 자신의 친일 부역의 산물인 1942년 〈만주 환상곡〉을 1944년 나치 패망이 확실한 조건, 곧 노르망디 상륙 작전으로 파리 해방을 앞두고 파시스트 독재국가 스페인으로 도주하면서 악보를 폐기하고 새롭게 1944년 판 〈한국 환상곡〉을 작곡한다. 엄격히 말해 새로운 곡을 작곡했다기보다 이전 1938년 더블린 판을 개작했다. 허영한에 따르면 바르셀로나의 한 지역

116 송병욱, 「더블린 초연현장을 말한다」, 《월간 객석》 2008년 2월, p.92.
117 허영한(2009), 「한국 환상곡〉의 여행: 1937년 미국에서 1946년 스페인으로」, 《계간 낭만음악》 제21권 제3호(통권 83호) 2009년 여름호, p. 225이하.

신문에 1944년 7월 4일 현재 바르셀로나 북부 해변 도시 사가로S´Agaró
에 머물면서 새로운 교향곡을 작곡 중이라는 기사가 실렸다고 하면서
그가 스페인을 택한 것은 "여러모로 최상의 선택"이었다 한다.[118]

　에키타이 안은 말한다. "나의 〈한국 환상곡〉이 온 세계에 울려 퍼지는
것이 나의 평생 소원이오. 온 정력을 들여 만든 이 작품에는 조국을 그리
는 나의 마음이 그대로 들어 있고. 나의 음악을 통해 조국의 이름을 만
방에 빛낼 결심이오."[119] 그의 이 말을 진정성 있게 새긴다면 그의 선택
은 스페인이 아니다. 독일이 패망하고 곧 이어 일본도 그리 되리라는 것
은 삼척동자도 알 만한 일이었다. 그렇다면 하루빨리 사랑하는 조국으로
돌아가는 것이 마땅하다. 이미 패색이 짙은 당시 조건에서 에키타이 안
은 주소지였던 독일 베를린의 에하라 고이치의 사저로 돌아갈 수 없었
다. 그렇다고 이미 그저 친일이 문제가 아니라 나치에 부역한 것이기도
했기 때문에 한때 유학했던 미국으로 돌아갈 수도 없었고, 마찬가지로
일본 여권 소지자였던 그였지만 일본은 전시 상황이라 가고 싶어도 갈
수가 없었다. 그렇다면 왜 그는 고국으로 돌아갈 생각을 하지 않았을까?
그가 선택한 프랑코의 파시즘 치하에 신음하던 스페인은 어떤 의미에서
그나마 자신의 안전이 보장되는 유일한 선택이었을지도 모른다. 프랑코
스페인은 추축국에 끝까지 가담하진 않았지만 기본적으로 히틀러 친화
적이었다. 1939년 스페인 내전이 끝난 뒤 1975년 프랑코가 사망할 때
까지 스페인은 근 40년에 가까운 프랑코의 극우 독재 치하에 놓여 있었

118　허영한(2009), p.218.
119　노동은(2010), p.226

다. 믿기지 않는 일상화된 백색 테러로 자국민 수십만이 학살당하고, 글 쓸 만한 이는 거의 해외 망명을 떠나 문화는 황폐화되고 경제는 침체한 상태였다. 하지만 누구도 에키타이 안이 나치 독일에서 파시스트에 부역한 일본인이라 해서 비난하거나 가해할 일은 없었다.

에키타이 안이 스페인으로 도망가 〈만주국 환상곡〉 악보를 폐기하고 이를 1944년 판 〈코리아 환상곡〉으로 개작하는 것은 위에서 본 재만 조선인 작가들의 행동 패턴과 비교해 그다지 특별한 일은 아니다. 본 인으로서도 친일의 흔적을 지울 필요가 있었을 것이다. 하지만 시간이 지나 1950년대에 와서 그 〈만주국 환상곡〉에서 사용된 선율을 슬그머니 재활용하고 나선 건 아주 독특한 패턴이다. 위에서 소설가 박영준은 「밀림의 여인」 발표 후 근 30년이 지난 뒤 이를 개작하면서, 그 프레임은 그대로 둔 채 주절주절 이러저런 변명을 가미해 스스로를 정당화하고자 했다. 하지만 에키타이 안은 친일 흔적 지우기에 나섰다. 약 10년이 지난 뒤 이를 다시 주섬주섬 챙겨 〈만주국 환상곡〉을 재차 자기 표절하고 있는 것이다.

에키타이 안은 국내나 만주의 조선인 작가들처럼 해방 후 단 한 번도 자신의 이러한 행위에 대해 일체의 해명을 한바가 없으니 우리는 그의 생각을 추정만 할 뿐이다.[120] 허영한은 "1944년 판에 〈만주국〉의 4악장

---

120 여기서 안익태의 가장 가까운 사람의 생각을 들어볼 필요가 있다. 유튜브에 올린 안익태의 1943년 〈만주국〉 지휘 장면에 달린 댓글이다. 레오노르 안 탈라베라Leonor Ahn Talavera, 바로 안익태의 셋째 딸이다. 안익태의 진실이 무엇인가, 그래서 시작한 추적이지만 그의 가족에게 상처가 되었다면 나도 마음이 편치 않다. 일단 레오노르 안의 댓글을 보자. 번역은 박채순 박사의 도움을 받았다.
"나는 에키타이 안이 슈트라우스가 사망할 때까지 그의 제자였으며, 또 모두가 알고 있듯이 그 당시에 슈트라우스 등 음악인들은 심한 감시를 받았던 것처럼, 에키타이 안이 살았던 역사적인 순간을 모르는 매우 당파적 관점의 시각에 동의하지 않는다. 에키타이 안은 한국이 일본의 식민

이 빠진 것은 안익태가 이 곡의 정체성을 숨기기 위한 행위라기보다는 현실적인 이유가 더 컸을 것이다. 간단하게 합창 부분의 가사만 바꾸면 〈만주국〉의 4악장을 그대로 또는 수정하여 보존할 수 있었음에도 이 악장을 굳이 없앤 데에는 연주 가능성과 연관이 있다."[121] 다시 말해 합창이 포함된 것보다 순수 기악곡 쪽이 연주 가능성이 많기 때문이라고 말한다. 그리고 덧붙여 〈만주국 환상곡〉과 〈한국 환상곡〉의 합창 선율이 가사만 다르고 동일하다는 지적을 언급하면서, "작곡가가 같은 선율에 다른 가사를 사용하는 경우는 드문 일이 아니다. 헨델과 바흐의 경우 종교 음악을 가사만 바꾸어 세속 음악으로 만들기도 한다."고 말한다.[122]

하지만 이러한 옹호론 내지 변명은 헨델과 바흐가 단 한번도 〈애국가〉를 작곡한 일이 없음을 놓치고 있다. 분명 작곡가가 자신의 작품에서 유사한 주제를 되풀이하는 일은 드물지 않다. 하지만 스스로 만든 〈애국가〉를 '매국'의 도구로 재활용하다 그것을 다시 애국이라 주장하면서 그 중간 과정을 마치 없었던 것처럼 우긴다면 그것은 차라리 언어도단이라고 해야 할 게다. 애국이니 매국이니 모두 민족주의 이후의 언설이라고

지 시대였을 당시에도 조선 이름을 간직했으며, 그리고 슈트라우스는 그의 친구 안 선생을 리스트의 제자인(…) 에밀 자우어Emil Sauer와 같은 당대 유럽의 솔리스트와 협연하고, 유럽의 가장 유명한 오케스트라를 지휘하도록 해주었다.(…) 젊은 안 선생은 유럽에서 자유자재로 활동했고 위대한 음악가들과 교유했다. 제발, 안익태를 정치에 개입시키려고 시도하지 마라. 암보만으로 베토벤의 아홉 개 교향곡을 지휘할 수 있는 그와 같은 음악가에게 음악과 그에 대한 헌신만이 전부였다. 그는 자신의 음악이 하늘에서 온 것이라 말했다. 악마는 알지 못하는 그 통로는 바로 천사였다."
(https://www.youtube.com/watch?v=YTS5IyKBfFc)
이 댓글에 우선 '조선 이름'부터 시작 사실 관계를 들어 일일이 그 오류를 지적할 수 있겠지만, 딸이 채 철도 들기 전에 세상을 등진 아버지의 좋은 기억만 추슬러 그것이 전부라고 생각하는 데 대꾸하기가 인간적으로 참 강퍅해 보인다.

121 허영한(2009), p.227.
122 허영한(2009), p.227.

하더라도, 한쪽 편을 위해 만든 곡을 세가 불리하다고 적의 편으로 넘어가 연주하다 다시 상황이 바뀌니 그 곡을 원래의 편을 위해 연주한다면 그것이 아무리 헨델이고 바흐라 하더라도 이는 용납키 어려운 기회주의적 행태일 뿐이다.

에키타이 안이 당시 조선 국내외 지식인, 작가들과 비교해 혹 식민당국 혹은 권력의 검열이나 아니면 외적인 강압에 의해 자신의 창작과 이와 관련된 활동에 심각한 장애를 입었다는 점은 확인된 게 없다. 친일 부역의 형태와 경로도 처해 있는 구체적인 조건에 의해서 규정되기 마련이다. 예컨대 '내선일체'라 하더라도 조선인이 다수인 국내 조선인 작가와 일본인이 다수인 재일 조선인 작가의 조건은 다르다. 또 그나마 국내에 비해 숨 쉴 구멍은 있었던 재만 조선인 작가에겐 친일의 잣대는 내선일체가 아니라 오족 협화에 있을 것이다. 그렇다면 극히 예외적인 조건[123], 즉 전시 베를린의 '선계鮮系 일본인'이라는 조건에서 에키타

---

123 잡지 《삼천리》는 1940년 12월에 「伯林, 巴里, 白耳義의 戰火 속에서 최근 귀국한 兩氏의 報告記」라는 대담을 실었다. 1940년 6월 독일에 의한 파리 함락 전후해 파리와 벨기에를 탈출한 조선인 화가 배운성과 고고학자 김재원의 체험담을 소개하고 있다. 여기서 '재구 조선인 근황'에 대해 이렇게 소개하고 있다.

"金東煥―現在 歐羅巴에서 留學하고 있는 朝鮮人學生이나, 또는 其他 社會的으로 活動하고 있는 朝鮮人이 얼마나 됩니까.

裵雲成―巴里에는 朝鮮同胞가 10여명 있었으나, 家庭을 이루고 있는 이는 不過 3, 4명밖에 안됩니다. 張吉龍씨는 巴里大學을 卒業하자 곧 巴里에 있는 滿鐵事務所에 就職하여 일을 보며, 其外 尹乙洙, 金鳳洙, 金俊燁, 劉在成, 李用宰 諸氏가 있었습니다. 金鳳洙씨는 獨逸에 있을 때 대학에서 라디오에 관한 것을 專攻하고 巴里로 와서 역시 대학에서 硏究하던 분인데, 今番 獨佛戰爭이 勃發되자 자기 집에 라디오 안떼나 등을 自手로 架設했던 것이 佛軍의 嫌疑를 받게 되어, 더욱이 獨逸서 왔다는 것 등 諸條件으로 그만 獨逸스파이로 佛軍에게 체포 되어서 뭇척 고생을 받는다고 하드군요.

金載元―얼마 전에 總督府 外事課 사람을 통해서 金鳳洙씨가 無事히 釋放되었다는 消息을 들었습니다. 한 2개월간이나 取調를 받았다구 하드군요.

裵雲成―그리고 尹乙洙라는 분도 역시 巴里大學을 나와 哲學博士의 學位를 얻은 분으로 巴里學會에서 譯文賞을 획득했고, 巴里에 있는 日佛協會에서까지 賞을 탄 분입니다. 그리고 그의 저서면 무엇이든지 著名한 出版社에서 出版해 주게끔 유명해졌으며, 著書 역시 잘 팔리는 모양이며, 내가 巴里를 脫出할 때 尹氏는 마침 伊太利에 잠시 가서 발티칸宮에서 硏究하던 중인데, 伊太利

이 안이 홀로 독립 운동하는 광경은 상상하기 매우 어렵다. 그런 점에서 에키타이 안의 상황이 아주 특수한 것은 사실이다. 하지만 그가 친일 협력의 경로를 밟는 것은 다분히 자발적인 행보였던 것으로 보인다. 에하라 고이치가 후일담에서 말하고 있듯이 그가 "상담을 받고자" 자기를 찾아왔다는 것이다. 이 말 전부를 믿을 순 없지만 당시 상황의 많은 부분을 설명해준다.

예컨대 에키타이 안의 재능을 눈여겨보던 만주국 참사관 에하라 고이치가 그를 '납치' 아니면 '약취 유인'해 강제로 〈만주국〉을 쓰게 했다는 정황도 없다. 만일 그랬다면 양인의 관계가 1941년 연말부터 1944년 4월경까지 2년이 훨씬 넘게 지속될 수는 없을 것이다. 또 에하라 고이치나 주독 일본 대사관에서 에키타이 안을 협박해 1938년 〈코리아 판타지〉를 〈만주국 환상곡〉으로 개작하라고 한 정황 역시 보이지 않는다. 그것은 자발적인 것이었다. 물론 여기에 한 움큼의 '살기 위해서',

---

政府가 佛蘭西에 대하여 宣戰市告를 하게 되자 그만 佛國으로 오지 못하게 되었지요. 아마 지금은 兩國間 休戰條約이 성립됐으니까 다시 巴里로 왔을 것입니다.

金載元ᅳ제가 있던 白耳義에는 朝鮮同胞가 한 명도 없었고 和蘭나라에도 역시 한 명도 없었습니다. 그래서 나만 혼자 있거니 하고 생각했더니 今次 獨逸軍이 白耳義 內로 진격을 開始하여 着着 함락하게 되자 日本大使館의 勸告로 나도 피난하게 될 때 白耳義國에 나 외에도 朝鮮人이 한 명 있는 것을 의외에 알았습니다. 직접 만나보지는 못했으나 가톨릭系의 신부나, 혹은 그 系統의 연구차로 와 있는 분인가 봐요.

(…)

鄭寅燮ᅳ伊太利에도 朝鮮女子 한 명이 발티칸宮 修女院에 있다는 말을 들었는데, 裵선생은 만나 뵙지 못했나요?

裵雲成ᅳ네, 아직 못 뵈었어요. 伊太利에는 朝鮮人이 세 명이 있다고 합니다. 그런데 鄭선생이 英國에 갔을 때는 英國에 朝鮮人이 얼마나 있습디까.

鄭寅燮ᅳ英國에는 艦長으로 盛名을 날리고 있는 甲氏를 비롯하여 몇 명의 留學生과, 그 다음은 主로 勞働者가 많은 편이드군요.

金東煥ᅳ伯林에는 朝鮮人이 얼마나 있나요?

金載元ᅳ6, 7명 됩니다. 大槪가 留學生들이지요." (《삼천리》 제12권 제10호, 1940년 12월)
http://db.history.go.kr/item/level.do?setId=5&itemId=ma&synonym=off&chinessChar=on&page=1&pre_page=1&brokerPagingInfo=&position=2&levelId=ma_016_0800_0140

'어쩔 수 없이'라는 상황론이 개입될 여지가 없는 것은 아니다. 왜냐하면 1941년 독소전 개전과 더불어 현지 일본 공관은 자국민 소개령을 내렸고, 이에 에키타이 안으로선 아주 힘든 상황이 전개되고 있었기 때문이다. 그렇게 귀국할 경우 그가 지금까지 미국을 거쳐 유럽으로 오기까지 이룩한 모든 것이 수포로 돌아갈지도 모르기 때문이다.[124] 하지만 단지 이 이유만으로 그의 '자발적 부역'을 면책하기엔 근거가 넉넉지 않다.[125]

위에서 나는 일정 외삽外揷된 액자 소설 형식을 빌어 박영준의 개작 사례를 분석해 보았다. 굳이 내가 박영준의 경우를 다소 길게 끌어들인 이유는 개작 그 자체를 흠결이라 할 수는 없는 것이니 역시 문제가 되는 것은 그 내용과 방향이라는 것을 보이기 위함이었다. 그래서 보자면 박영준에게 해방의 전과 후는 변절의 전과 후를 스스로 소명하는 일이니만큼 대단한 고뇌가 따르는 정신노동임에 분명했다. 자신에게 불리한 것을 삭제하고 덜어내고 또 새로이 가필하기도 했지만 그 결과는 만족스럽지 않은 것이었다. 나로선 그 이유를 문명 대 야만이라는 작품의

---

124 당시 안익태의 상황에 대해서는 안익태와 함께 부다페스트에서 유학했던 일본인 학자 도쿠나가 야스모토德永康元의 부다페스트 일기에 어느 정도 나타나 있다. 德永康元(2004), 《ブダペスト日記》, 東京: 新宿書房, 2004.

125 허영한은 안익태의 "친일 여부에 대해 짧게 답해야 한다면 그처럼 살지는 않았을 것이라고 답할 자신이 없다"고 어느 인터뷰에서 밝힌 바 있다. http://pub.chosun.com/client/news/viw.asp?cate=C01&mcate=M1004&nNewsNumb=20150717809&nidx=17810) 또 진환주는 "그러나 분명한 것은 그는 민족을 위해 싸우는 '투사'가 아니라는 사실이다.(…) 일제가 전 세계를 향해 침략 전쟁을 벌이던 때, 조선인 신분을 내세우는 것이 불가능할 그 때에는 조선의 음악과 가락을 세계에 알리는 일을 통해 그는 조선을 사랑하였다. 필자는 안익태를 '문화 예술주의자'라는 관점에서 보자고 제안하는 것이다." 진환주, 〈안익태의 음악 세계에 대한 연구〉, 《국악교육》 제31집, 2011, p.181. 수없는 '문화 예술주의자'가 학살당한 나치와 일본의 세계 전쟁에서 에키타이 안이 세계에 알린 것은 조선의 음악이 아니라 만주국 이데올로기라는 사실을 비껴가기에는 좀 부족한 논리라고 생각한다. 설사 그것이 조선 음악이라 하더라도 당시 그 자리의 청중들은 그것이 일본 음악이거나 아니면 잘해야 만주국 음악이라고 생각했을 것이다.

주춧돌마저 들어낼 수는 없었기 때문이라고 본다. 박영준은 그것이 우리 문자로 되어 있는 것이라 비교적 쉽게 접근해 그 차이를 읽어낼 수 있는 경우다. 하지만 에키타이 안의 개작은 우선 음표라는 기호로 되어 있고 또 텍스트가 폐기되거나 그나마 남아 있는 것도 수회에 걸쳐 바뀌는 까닭에 그 의도를 읽어 내기가 결코 쉽지 않다. 그럼에도 1944년 판에서 삭제된 만주국의 4악장 혹은 그 일부가 이후 1950년대에 와서 재삽입되어 급기야 안익태 기념사업회 판 〈한국 환상곡〉에서는 만주국 오족 협화를 찬미하던 자리에 '나의 사랑 한반도~' 등이 놓이는 일대 희비극이 연출되는 지경에 이른다. 바야흐로 우리가 일제 잔재의 미청산을 탄식하는 것이 아니라 모르는 사이에 그 일상화된 부활을 찬미하는 지경 말이다.

〈애국가〉논쟁: 국가 상징의 재구성을 위하여

두 개의 '분단' 애국가의 형성

1945년 12월 19일 오전 11시 임시정부 귀국 환영회가 개최되었다.

> 삼천만민족의 총의로 조국애에 타오르는 의열사義烈士가 중심되야
> 조직된 우리 임시정부의 개선을 환영하는 민족적 성전이 19일 오
> 전 11시에 서울그라운드에서 개최되엿다.(…)
> 11시 정각이 가까워오자 김구주석이하 요인일동의 입장에 뒤이어
> 서 각정당대표 기타인사의 입장이 잇섯고 대비되엇든 장엄한 취
> 주악에 맞추어 일동총기립으로 역사적 성전이 개막되었다. 일동은
> 북향하야 36년간 이젓든 우리의 태극국기를 올렸다. 기빨은 서서
> 히 창공을 향하여 나부꼇고 장엄한 장내에는 희비의 교류곡이 소
> 리업시 흘럿다. 일동의 애국가합창 이화여전의 환영가합창이 끗난
> 후 홍명희씨의 환영가 잇섯고러취군정장관의 축사와 김구주석의
> 열렬한 답시 및 이승만박사의 답사가 잇은 후 천지를 진감하는 만

세삼장으로 환영회는 폐회되엿다.[126]

이 자리에서 불렸던 애국가는 물론 안익태의 〈애국가〉는 아니다. 아
일랜드 민요 〈올드 랭 사인〉 선율에 '노가바'한 애국가였다. 그런 까닭
에 해방 공간에서 진보 논조를 유지하다 미군정에 의해 폐간된《중앙신
문》1945년 12월 10일자에는 안익태 애국가를 권장하는 기사가 실렸
다. "지금까지 우리가 사랑하야 왜경의 압박미테서도 마음속으로 부른
애국가의 곡조는 스코틀랜드의 민요로 리별할 때 부르는 노래입니다.
그래서 한국임시정부에서는 안익태 씨가 미국잇슬 때 지은, 새 곡조를
추천하야 ○○발표하오니 널리 보급되도록 하십시오."[127]

《중앙신문》 1945년 12월 10일자

---

126 《동아일보》 1945년 12월 20일자.
127 《중앙신문》 1945년 12월 10일자.

《동아일보》는 해방되던 1945년 12월 15일자에서 이렇게「애국가 모집 당선작 사례금 삼천 원」이란 기사를 낸다. 지금의 기준으로도 꽤 타당해 보인다.

해방된 우리 강토 해방된 우리 민족 그리하야 광복될 우리의 신국가를 사랑하는 '애국가'를 천하에 구한다. 시공을 통하야 자별한 우리의 전통과 긍지 향기와 정조를 새로운 이념으로 재인식하고 새로운 각도로 재음미하야 국가민족의 영원한 번영을 축보하는 새로운 애국가를 우리는 힘껏 마음껏 부르고십다. 가슴속에서 뼛속에서 울어나오는 감격의 노래를 하루바삐 부르고 싶다. 그리하야 해방된 삼천리강산과 해방된 삼천만심금에 선율우에서 무궁한 해조偕調를 누리게 하자.

응모규정
일, "동해물과 백두산"리는 애국가를 수잇도록 할 일
일, 일인 일수一首에 한하되 이절 이상 사절가 한말시대부터 잇섯스나, 이는 가사나 가곡이 새시대에 맛지안는 점이 잇슴으로 이 종래의 애국가에 구애치말고 새로운 호흡으로 창작할 일
일, 문체와 격조는 수의隨意로 하되 실내악으로나 행진곡으로나 작곡에 의하야 자유자재로 활용할 수 잇도록 할 일
일, 애국가의 주제와 정신은 별항전문과 갓거이와 특히 씩씩하고도 명랑하고 웅건하고도 경쾌하야 남녀노소를 물론하고 누구나

어데서딘지 부 이내以內로 할 일...[128]

흥미로운 점은 같은 날 위에서 언급한 12월 15일 《중앙신문》도 「애국가 가사 현상 모집」에 나섰다. 이 신문 측이 제시한 '응모 규정'은 이렇다.

응모규정
- 작사내용＝(가) 애조를 피할 것 (나) 진보적일 것 (다) 건설적이며 민족의 유구성일 것 (마) 장壯한 리슴(듬)일 것
- 절조節調＝전 2절로 할 것 (1행 7·5조 1절 4행)
- 작곡＝가사입선 결정 후 따로히 공모함
- 마감＝1월15일까지 도달할 것
- 송고처＝서울시 종로 2정목丁目 완영빌딩내 조선음악동맹으로
- 상금＝일만원 (가사 한 편 5천원 작곡 한 편 오천)[129]

심사위원으로 《중앙신문》은 가사 부문은 정지용, 이병기, 김기림, 박종화, 양주동 등이, 그리고 작곡 부문은 박태준, 박영근, 이흥렬, 김순남, 박용구 등이 맡았다고 했다. 그리고 주최는 조선 음악 동맹과 조선 문학

---

128 《동아일보》 1945년 12월 15일자.
129 《중앙신문》 1945년 12월 15일자.

동맹, 그리고 후원이 중앙신문사였다. 해방과 더불어 새로운 국가의 필요성에 대해 당시 민족 진영과 진보 진영 모두에 상당한 공감대가 있었음은 그렇게 특별한 일로 보이진 않는다. 그리고 국가 제정은 민중들의 자발적 참여에 기반한 대중적인 공모 사업이 유력한 것이었다.

그런데 다른 한편으로 안익태의 〈애국가〉 역시 소개되기 시작한다. 이미 1945년 11월 21일 대한인국민회의 김호는 이렇게 말하고 있다. "재미 동포는 새 곡조의 애국가를 장엄 활발하게 부르고 있습니다. 국민회에서 출판한 악보를 가지고 왔으므로 여러분들도 이 곡조로 널리 불러주시기를 바랍니다. 그런데 안익태는 미국 각지로 연주 행각을 하다가 구라파로 건너가서 독일, 이태리, 폴란드 각지의 관현악단을 지휘하고 지금은 체코슬로바키아의 프라그에서 조선 음악을 유럽에 소개하고 있다는데 그가 고국에 보내는 작곡을 우리가 부르게 되는 것은 반가운 일입니다."[130] 재미 대한인국민회의 회장을 역임한 김호는 이승만과도 갈등을 빚은바 있는데, 자신이 대표하는 국민회가 안익태의 악보를 펴낸 인연에서 보자면 그것을 널리 알리고 싶었을 것이다. 아무튼 김호가 소개한 다른 안익태 행적은 사실 관계상 맞지 않지만 악보를 가지고 왔다는 진술은 주목할 만하다.

벌써 넉 달 동안이나 고향의 부모님과 음신조차 통하지 못하는 38도 이북 출신 학생들은 날로 학자 문제로 곤난이 심하여 가고 있는데 이화고녀 동창회에서는 우리의 해방을 축하하는 축전음악

---

130 《자유신문》 1945년 11월 21일자.

대회를 여러 그 수입을 전부 서북출신학도들을 위하여 제공하기로 되엇다. 이 음악회는 부민관을 사용하지 못하는 관계로 명치좌座를 빌려 16, 17 양일간에 걸쳐 개회하는 데 안익태씨 작곡 '애국가'의 발표도 잇다한다.[131]

그러나 여기에는 약간의 이설도 있다. 박은용은 〈애국가고攷(二)〉라는《동아일보》1948년 10월 7일자 논단에서 이렇게 쓰고 있다. "안익태 작곡의 〈애국가〉가 미국에서 전해온 것은 1946년 5월이다. 현 정부 노동국에 근무하고 있는 배민수 목사가 미국에서 군속으로 귀국하게 된 그 길로 이화여자중학교에 따님을 찾으러 방문하여 기념 선물로 불러준 것이 현재의 안익태 작곡의 〈애국가〉로서 이 곡조가 조선에서 불리워진 시초인가 하는데 필자는 그 직시直時로 배 목사에게서 그 악보를 구수口受받아 학생들에게 지도를 하고 일주일 후 이화합창단이 방송을 통해서 소개를 하였었다. 비로소 이렇게 하여 우리들은 우리 손으로 이루어진 완전한 애국가를 가지게 되었는데 그러나 이 뉴욕판에도 역시 작사자의 이름은 생략되어 있고 작곡자명만이 인쇄되어 있었다."[132]

배민수로부터 악보를 구수 받아 박은용이 이화 합창단을 지도, 1946년 5월 방송에서 처음 소개했다는 주장은 좀 문제가 있는 것으로 보인다. 이미《중앙신문》1945년 12월 10일자에 그 악보가 인쇄되어 나갔고, 또 그 해 12월 16~17일에 이화여고 동창회 광복 축하 음악회에

---

131 《동아일보》 1945년 12월 15일자.
132 《동아일보》 1948년 10월 7일자.

서 발표되었다는 기사도 있기 때문이다. 박은용의 말은 안익태 〈애국가〉가 확산됨에 있어 본인을 중심으로 한 하나의 경로를 주장한 것으로 읽힌다. 그렇지만 여기서 확인되는 것은 안익태 애국가가 주로 '기독교, 미군, 서북' 등을 경로와 거점으로 입수, 수용, 확산되어 나가고 있다는 점일 거다. 이 모든 것을 안익태 본인이 알았을 가능성은 전무하다. 그도 그럴 것이 "세계 음악계에 널리 알려진 조선이 나은 세계적 작곡가 안익태 씨는 이번 전란 가운데 그의 안부가 염려되든 중 최근 외보가 전하는 바에 의하면 방금 서반아 '발세로나'에 유하고 있다 한다."[133] '조선이 나은' 세계적 음악가 에키타이 안은 바로 그 한 달 뒤 1946년 3월 15일 〈코리아〉를 바르셀로나에서 세계 초연했다. 미국의 적국인 독일과 그 동맹국인 추축국을 위해 〈만주국〉을 지휘하던 에키타이 안에 대한 이런 '안부' 걱정은 어찌 보면 참으로 희비극적이다.

안익태의 새 〈애국가〉에 대해, 특히 해방 공간에서 진보 진영 음악 평론가로 활약한 박영근의 비판은 매우 신랄한 것이었다. 그가 소속된 〈조선 음악 동맹〉은 창립 선언을 통해 이렇게 밝히고 있다. "현하 민주주의 정권 수립과 민족 통일 전선을 위한 투쟁 과정에 있어 우리는 음악 운동의 기본 임무가 조선의 민주주의적 개혁을 수행하는 광범한 투쟁의 일익임을 인식하고 음악을 제국주의적 봉건주의적 구문화의 질곡으로부터 해방하여 인민적 기초의 확립을 기하여야 할 것이다."[134] 그리고 음악 운동의 각 부문에서 제기되는 여러 문제들에 대해 『1947년

---

133 《동아일보》 1946년 2월 11일자.
134 박영근(1947), 「음악계」, (『1947년판 예술연감』, 예술문화사 1947) p.39. 같은 글이 박영근, 「음악개관」 (민주주의민족전선, 『조선해방연보』, 문우인서관, 1946)에도 실려 있다.

판 조선예술연감』을 통해 평가 결산을 하고 있다. 먼저 '애국가 혁신 운동'과 관련해서는 이렇게 쓰고 있다.

가장 절실한 문제의 하나인데도 불구하고 그 보수적인 태도에서 혁신이 못되고 있다. 적어도 일국의 애국가가 타국의 가요로써 대용될 수 없을 것이며 더욱 보수적인 민족주의자들이 이에 무관심하다는 것은 그들이 얼마나 음악에 무지한 가를 폭로한 것이 아닐 수 없다.

가요가 아닌 안익태 씨 작곡도 역시 8·15 이전 것이며 야소 찬미가耶蘇讚美歌조로 된 것이어서 그 메로디나 리듬에 있어 예컨대 마루세 - 즈같은 애국적인 감격이 표현되지 못한 작품이라는 것은 시위 행렬 시에 애국 부인들이 부르는 소리를 들으면 꼭 마치 전도 부인들이 겨울밤에 부르고 다니는 처량한 소리 같은 것임을 들어 알 것이다.

본래 이 원곡이(전자)[〈올드 랭 사인〉을 말함— 인용자] 〈그리운 옛날〉을 추억하는 노래였는데 일제시대에는 송별가로 졸업식에 부르는 노래였음은 다 알 것인데 선배가 우연한 기회에 음악에 대한 상식 부족으로 정한 것을 보수적으로 망국 당시의 추회追懷로 그냥 부르고 있다는 것은 이해할 수 없다.[135][136]

---

135 박영근(1947), p.33.
136 같은 논조로 박영근은 이렇게 쓰고 있다. "대저 새 시대의 조선 사람에게 하나님 타령이 무슨 소용이 있으며 망국적 애조의 곡보가 무슨 상관이 있다는 말인가! 우리 인민의 참다운 애국의 부르짖음이 없는 곳에 무슨 애국가가 있고 우리 인민의 참다운 애국의 행진이 없는 곳에 무슨 애국선율이 있을 손가! 참으로 조선인민의 마음으로부터 우러나오는 애국의 정조, 애국의 선율 여기에 있어서만 새 시대의 애국가는 창조되어질 것이다." 박영근(1946), 「악단시평」, 《인민》 신년

박영근은 또 《중앙신문》 1946년 1월 12일자 「애국가 혁신론」이란 기고에서 이를 이렇게 설명하고 있다. 특히 여기서 박영근이 '애국가'와 '국가'를 준별하고 있는 점은 충분히 강조할 만하다.[137]

> 애국가란 국가와는 다르다. 조선이 해방되여 완전 독립이 되면 국가는 제정될 것이다. 그러나 애국가는 우선 독립 전에 필요하고 독립 후에도 존재할 수 있다. 왜 그러냐 하면 애국가는 혁명 전의 요소를 가진 까닭이다. 진실한 혁명은 애국의 정성만이 이룰 수 있는 것이 안일가. 17세기 불란서혁명에 잇어 〈마르세유〉의 노래를 보라.(…) 이것은 애국가와 혁명가가 흡사하나 본질적으로 다른 것이니 혁명가는 국제성을 가진 것이다.(…) 우리 조선의 소위 애국가가 외국 민요로서 대행할 수 업는 것이다. 만일 조선 〈아리랑〉이 좃타하야 세계 어느 나라에서도 애국가로 대행한 민족이 잇섯든가. 오즉 반만년 역사를 가진 문화 민족인 우리가 더욱 자칭 지도자가 이 외국 민요를 애국가로 강요하엿스니 이 얼마나 무지에서 온 독선적인 수치이냐.[138]

그리고 '잔재 청소 문제'에 대해서도 언급한다. "음악에 있어 일제 잔재와 봉건적 잔재 청소 없이 새로운 발전이 없을 것은 물론임에도 불구

호, 제1권 제2호, 1946, p.107.
137 노동은에 의하면 구한말 《독립신문》에 발표된 '애국가 류'만 해도 32종이다. 이 중 제목이 '애국가'인 것이 11편이다. 노동은(1994), 「애국가 가사는 언제, 누가 만들었나」, 《역사비평》 1994년 여름호, p.20.
138 《중앙신문》 1946년 1월 12일자.

하고 해방 이전의 작품이 그대로 연주되며 학교에서 가두에서 방송에서 이 잔재가 일소되지 못하고 있다.(…) 봉건적 종교적 잔재인 애국가(특히 안익태 작곡)와 김순남 작곡인 〈해방의 노래〉를 비교해 보면 잔재 여하를 이해할 수 있을 것이다."[139]

'창작 활동'과 관련해서도 안익태가 다시 언급된다.

> 창작이란 작자의 세계관과 모든 객관적 조건에서 비저내는 것이기 때문이다. 예컨대 안익태 씨의 애국가를 보라. 그 작품이 해방 이후의 우리에게 주는 '쇼크'와 에스프리를 어데서 발견할 수 있는가. 다만 망명객들을 위한 교회 내에서의 위무慰撫에 그친 것이 아닐 수 없다.[140]

결국 박영근이 대변한 것으로 보이는 조선 음악 동맹 측의 막 보급되기 시작한 안익태 애국가에 대한 비판은 첫째, 해방 이전의 것이라 해방의 감격과 열정을 담지 못하고, 둘째, 음악적인 관점에서 보더라도 그 선율과 리듬이 '야소 찬미가'조 곧 기독교 찬송가 풍이며, 셋째, "봉건적, 종교적 잔재"를 청산하지 못한 작품이라는 것이다.

하지만 안익태 애국가에 대한 진보 진영의 강력한 비판에도 불구하고, '구 애국가'에 대한 마땅한 대안이 없는 상태에서 안익태의 〈애국가〉는 점차 확산되어갔다. "우리나라의 주권이 아직 회복되지를 않고

---

139 박영근(1947), p.34.
140 박영근(1947), p.38.

있는 때이니만치 '국가'가 제정되지를 않고 있는 터이라 이 '애국가'가 대내적으로나 대외적으로나 국가에 대행되고 있는데(…) 현재의 안익태 씨 작곡의 소위 '신 애국가'가 소개되기 전까지 부르고 있었던 구 애국가가 어이하여 소격란蘇格蘭 [스코틀랜드(인용자)]의 민요의 메로듸에다 가사를 붙이게 된 것인가?하는 데 대해서 모르고 왔다. 다만 유식층에서는 우리나라의 애국가가 외국의 민요에 부곡附曲되었다는 사실을 매우 불만이 여기고 미군이 진주하자 공식회장에서 '조선 애국가'라 해서 이 노래를 취주악으로 하게 될 때는 더욱 그 감이 심하였다."[141]

그러는 사이 객관적인 정세는 점차 어두워져가고 있었다.

> 그러나 3천만의 열망 속에 열렸던 미소공위도 결렬되고 두 번째 마지하는 8·15기념은 실로 정계 혼돈의 극점에서 마지하게 되었든 것이다. 이러는 동안 조국의 불행을 틈타서 항구마다 뿌듯하게 드려밀리는 외국 상선과 친일파, 모리배들의 발호는 대중의 경제 생활을 송드리채 파탄시켜서 포근한 의자를 즐기는 음악 행사마저 위축 일로로 찌들어 버릴 수밖에 없었다.(…) 그러하다면 양군 철퇴에 의한 남북통일자주정부의 수립이라는 삼천만민의 갈망은 또한 이런 필연성을 띄운 슬픈 현상을 해소시키기 위하여서만도 전 음악인의 열망이 아닐 수 없으며, 만일 국토 양단이 조국의 운명으로 되는 날에는 '누구를 위하여 어떻게 음악해야 하느냐'의 문제의 실천적 해결은 바랄 수 없는 것이 되고 말 것이다. 그것은 또

---

141 박은용(1948), 「애국가고」, 《동아일보》 1948년 10월 6일~8일자.

한 우리 음악계를 중세기적 상태로 던져두고 마는 슬픈 길이 아니고 무엇이랴.[142]

결국 박용구가 예감한 '슬픈 길'은 점차 현실로 다가오고 있었다.

〈올드 랭 사인〉에 '노가바'된 〈애국가〉가 불편하기로는 북측이라고 다를 바 없었다. 1946년 9월 16일 김일성은 작가들과의 자리에서 밝힌 〈애국가와 인민 행진곡을 창작할 데 대하여〉라는 '교시'에서 이렇게 말한다. "이 노래는 가사 내용이 우리 인민의 내용에 맞지 않을 뿐 아니라 보수적이며 곡도 남의 것을 따라 만든 것인데 그 곡 자체가 시원치 않습니다. 이 노래를 가지고서는 새 민주 조국 건설에 일떠선 우리 인민을 애국주의 사상으로 교양할 수 없습니다."[143]

또 김일성은 같은 해 12월 문학 예술 책임 일꾼들과 가진 자리에서 아래와 같은 애국가 창작의 내용과 방향을 밝혔다. "우리 삼천리 금수 강산과 유구한 역사와 문화를 가진 나라라는 것이 나타나야 한다는 것을 비롯해 •항일 무장 투쟁을 통해 광복한 슬기로운 인민이라는 자부심 •해방의 나라의 주인이 된 긍지와 자부심 •새 민주 조국의 건설의 주인으로 부강하고 문명한 인민의 나라를 건설하고 세세년년 행복하게 살려는 인민의 철저한 염원 •자기 조국에 대한 사랑의 감정이 더욱 솟구쳐나도록 해야 한다는 것 등이다."[144]

그 결과 카프 출신 월북 문인 김세영이 작사하고, 조선 음악가 동맹

---

142 박용구(1948), 「해방 후의 음악계 3년」, 《민성》4~7,8호, 고려문화사, 1948), p.49.
143 김교만(1994), 「북한의 애국가는 어떻게 만들어졌나」, 《역사비평》 1994년 여름호, p.48.
144 김교만(1994), p.48.

위원장이었던 김원균이 작곡한 북한의 애국가는 1947년 6월 곡이 완성되자 바로 확정되어 발표되었다. 하지만 대중들에게 이 곡이 보급된 것은 1948년 8월 남한만의 단독 정부가 수립된 이후인 1948년 9월부터였다. 이렇게 1년 이상 북한 애국가 보급이 지연된 것과 관련 김일성은 이렇게 말한다.

> 지금은 미제와 남조선 괴뢰도당이 민주주의적인 통일적 중앙정부의 수립을 가로막고 남조선에서만이라도 지주 자본가들의 제도를 유지해 보려고 날뛰고 있습니다. 놈들은 저들의 음흉한 목적을 달성하려고 유엔에 조선 문제를 끌고 갈 꿍꿍이를 하는 한편 우리를 걸고 들 구실을 찾고 있습니다. 그런데 지금 우리가 '애국가'를 보급하고 쓰기 시작하면 놈들이 북조선에서 독립 정부를 세우려고 국가까지 제공해 공개하였다고 떠벌일 것입니다. 이것은 통일적 중앙정부 수립을 위한 우리 인민의 투쟁에 복잡성을 조성하게 할 수 있습니다. 우리는 미제와 리승만 괴뢰도당에게 절대로 언질을 주지 말아야 합니다.[145]

북한 '애국가'는 1949년 9월 9일부터 정식으로 사용되었다. 나아가 북한의 이 '애국가'는 1992년 헌법 수정을 통해 "조선민주주의인민공화국의 국가는 애국가다."(헌법 제170조)로 명시되었다.

---

145 김교만(1994), p.49.

반면 같은 시간대인 1949년 9월 9일 상오10시 개최된 국회 제61차 회의에서 〈국가와 국기 제정에 관한 건의안〉이 상정되었다.[146] 발의자는 정균식이었다.

정균식 의원　(…)그러나 여기에 있어서 애국가와 국가와는 당연히 다르다고 해석되는 바입니다. 이 애국가의 발족도 여러분께서는 아실 것입니다마는 전날에 우리 애국 청년으로서 우리 독립을 얻으려 할 때에 주권을 차지려 할 때에 독립 사상을 고취시키고 우리의 민족의식을 진작시키기 위해서 나라를 사랑하며 주권을 그리워하고 함으로써 애달픈 이런 가사로서 지어 놓은 것입니다. 그 계통을 보면 당초에 아주 오랜 서양의 이별 곡조이었읍니다. 그것이 작곡에 있어서는 자세히 기억 못합니다마는 「안」 무엇이라고 하는 작곡가의 곡조라고 합니다마는 그 가사를 보건대 지금 여러 학자라든지 지식인이라든지 문화 예술인들이 그 가사의 내용에 있어서 퍽 평화적이요, 시대적인 그런 느낌이 있다고 그렇게 지적들 합니다. 그런 까닭에 우리가 정부를 새로히 수립하고 만방에 우리가 독립을 선언하는 새 나라의 재건에 있어서 반드시 우리는 국가를 새로 제정해야 된다고 생각합니다.
　방법에 있어서는 가사 내용 같은 것은 혹 어떤 특수 계급의 명사라든지 저술 명인名人이라든지 그런 데에 극한極限되어서 질 것이 아니라 전국적으로 널리 모집해서 적합한 국가로서 좋은 점도 있

146　국회사무처(1949), 〈국회속기록 제1회 제61호〉, 1949년 9월 9일. pp.10-11.

고, 모든 가지 조건이 구비되어서 우리나라 국가로서 뻐젓하다고 하는 이것을 가지고서 전 문화 예술 면의 총동원을 시켜서 심사하고, 혹 어느 한 중학생의 지은 것이라고 할지라도 이것이 국가로서 뻐젓하다고 하면 그것을 심사 결과 채택한다든지 할 것이며 또 한편 곡조에 있어서는 전 세계적으로 모집해도 좋읍니다. 어느 나라 사람이 곡조를 지어 주어도 좋을 것입니다.

(…)

간단히 국기 국가에 대한 건의안을 정부에 제출시켜서 시급히 제정하도록 해 달라고 하는 것을 건의하는 바입니다. 여러분 많이 찬성해주시기 바랍니다.

여기에 대해 강욱중이 반대 토론에 나섰다.

강욱중 의원　우리는 앞으로 지방 행정 조직법이라든지 국회법이라든지 공직에 관한 문제라든지 얼마든지 할 일이 산적해 있읍니다. 뿐만 아니라 우리는 지금 저 38선 해결이라는 가장 중대한 과업을 앞에 두고 있는 것입니다. 여러분 이 38선 문제를 가지고 어떻게 해결하시렵니까. 피를 가지고 해결하시렵니까? 그러나 본 의원은 믿읍니다. 태극기를 가지고 해결하리라고 믿읍니다. 우리는 적당한 시기에 미소 양군 철퇴를 주장한 다음 우리는 웨칠 것입니다. 38 이남의 동포나 38 이북의 동포도 이 태극기 기빨 아래로 모여서 웨칠 것입니다.

이북에서 노래를 만들고 기를 제정했다고 해서 우리가 국가를 혹은 국기를 제정한다.(…) 우리가 지금 이북에서 만든 국기에 경의를 표하지 않는 것과 같이 우리의 이북에 있는 동포들도 새로 제정한 노래 혹은 기에 대하여 감격을 느끼지 않을 것입니다. 여기에는 우리가 역시 다 같이 태극기 아래서 죽으려는 그러한 우리의 태극기와 더부러 나는 반드시 통일이 되리라는 것을 주장하고 이 안에 절대 반대합니다.

강욱중의 반대에 정균식이 재차 해명에 나섰다.

정균식 의원 애국가와 국가는 다른 것입니다. 애국가도 물론 우리가 40여 년 동안 노예화 민족의 눈물로서 우리가 언제나 불고 싶었고 그리워하던 우리 애국가 이 노래를 결코 말살하자고 하는 것이 절대 아닙니다. 우리의 새로운 신생 국가로서 국가 하나 없으니 이것을 하나 만들자고 하는 것이지 절대로 애국가를 말살하고 새로 만들자고 하는 것은 아닙니다. 이 점을 오해 마시기 바랍니다.

다시 이주형이 반대 토론에 나섰다. 요지는 남북통일이 되어 전 민족의 의사를 모을 때까지 보류하자는 거였다.

이주형 의원 저는 이 국가와 국기를 제정하자고 하는 이 건의안을 반대하고 싶읍니다. 아직 우리들에게는 마의 38선이 가로놓여 있어서 남에 있는 사람은 북에 있는 사람을 그리고 북에 있는 사람은 남에 있는 사람을 그리워해온 것입니다.

우리는 어떤 일을 하나 만들 때에 혹은 어떤 일을 하나 실행할 때에도 반드시 북에 있는 사람은 남에 동포가 있다는 것을 생각해야 되겠고, 남에 있는 사람은 역시 북에도 우리와 같이 피를 받아 난 동포가 있다는 것을 기억하지 않으면 안 될 줄 생각하는 것입니다. 우리가 5월 10일 총선거를 실시한 이유는 헌법을 제정하고 정부를 수립하고 동시에 반민족행위처벌법을 제정하고 정부조직법을 다 제정했습니다.

('간단히 하시요.' 하는 이 있음)

하나 그것은 다만 우리가 누구든지 갈망하고 있던 이 38선을 철폐시키는 데에 가장 첩경인 과정이라고 해서 우리가 실행해온 것이고 결코 38선이라는 것을 영영 승인해서 우리는 우리만으로도 정부를 수립하고 우리만으로의 헌법을 제정하는 것은 절대로 아닙니다. 우리는 부득이해서 일을 했지만 그러나 한 가지 건의안을 제안하고 한 가지 결의안을 결의할 때에 언제든지 북쪽에 있는 일천만이라는 동포를 생각해서 가슴도 짖거니와 눈물이 있는 것을 누구든지 금할 수가 없던 것입니다. 오늘 국기와 국가를 제정하는 것을 우리 가운데에서 될 것도 아니고 한 지방에서 될 것도 아니고 모름직이 전 민족이 전 민족의 의사를 전부 합해서 우리가 다 같이 희망하고 찬성하는 국가 국기를 제정하지 않으면 안 되리라고 생각하는 것입니다.

만일 국기와 국가가 없어서 38선을 철폐하는 데에 다소 지장이 있다고 할 것 같으면, 만일 국가와 국기가 없어서 우리 민생 문제를 해결하는 데에 다소라도 원조가 된다고 할 것 같으면 나는 여기

계신 누구에게보다도 못지않게 주장했을 것입니다. 그러나 이것을 하느냐 안 하느냐는 아직까지 내가 보기에는 국가가 없음으로서 국기가 없음으로서 실현이 되지 못하였다는 말을 듣지 못하였읍니다. 국가와 국기를 법률로서 확실히 제정하지 않으므로서 38선을 철폐하고 민생문제를 해결하는 데에는 아무 지장이 없으리라고 생각합니다. 지장이 없을 뿐만 아니라 아까 어떤 의원 말씀과 같이 만일 우리들이 북한에 있는 어떤 반동분자들과 같이 따로 우리가 국가임네 하고 국가를 제정하고 국기를 제정한다고 할 것 같으면 오히려 남북한을 통일하는 데에 커다란 지장이 있을 것을 믿는 것입니다.

그러므로 이 동의안은 남북이 완전히 통일되어서 삼천만이 전부가 대표를 보내서 한 의사당에서 의논할 그때까지 보류할 것을 동의하는 것입니다.

결국 정균식의 '국가와 국기에 관한 건의안' 철회가 표결에 부쳐졌다. 결과는 재석 133, 가 121로 가결되었다.

이주형 의원 이 건의안을 결정할 시기가 아니라고 생각해서 보류 동의를 제출했던 것입니다. 그러나 지금 정광호 의원의 말씀을 듣건대 또는 그 외의 다른 의원들의 의견을 들으니 보류 동의는 낼 필요가 없는 줄 생각하므로 보류 동의는 철회합니다.

부의장 김약수 그러면 지금 그 보류 동의는 철회된 것이올시다. 그것보다 동의에 찬성하십니까?

('좋소.' 하는 이 있음)

정균식 의원 그 건의안을 철회합니다.

(소성)

부의장 김약수 이 국가와 국기에 관한 건의안은 철회하겠다는 의견입니다. 그것을 찬성합니까? 역시 이 철회에 있어서도 이때까지 기록이 되어 오던 만큼 가부로서 표결할밖에 없읍니다.

(거수표결)

재석 133, 가 121, 부 한 표도 없읍니다.

그러면 이것은 철회된 것을 선포해 드립니다.

지금 한 5분 가량 남았읍니다마는 아무것도 시작할 수 없는 만큼 오늘은 이로서 산회를 하고 내일 다시 계속하겠읍니다.

(상오 11시55분 산회)

이렇게 1949년 9월 9일 같은 날 북한에서는 북한 '애국가'가 정식 사용되기 시작하였고, 남한의 국회는 '통일이 될 때까지 보류'한다는 취지로 국가 제정안이 철회 동의되었다. 즉, 사실상 부결되었다. 하지만 이미 그 해 8월 대한민국 정부는 "국가로서 성문 규정화하진 않았으나 영국 등과 같이 범국민적 (초법률적) 관행으로서 정식 국가로 사용하고 있는 것"이라고 규정했다.[147] 분명 안익태의 애국가는 법정法定 국가는 아니지만 '관행상' 국가로서 기능하기 시작했으며, 반면 북한 애국가는 헌법상 국가다. 국가 상징체계의 분단은 이로써 봉인되었다. 그리고 두 개

---

147 노동은(1994), p.41.

의 '분단' 애국가가 공고화되기 시작한다.

안익태 애국가의 공고화: 이승만과 박정희

특히 1941년 말부터 1944년 6월 정도까지 에키타이 안으로서 고점을 찍었던 안익태의 행적이 그렇게 완벽하게, 또 거의 두 세대에 걸쳐 은폐될 수 있었던 데에는 무엇보다 전쟁이 지대한 역할을 했다. 제2차 대전 중 현지 일본인조차 소개된 이후 독일과 일본의 통신 수단도 단절되었고 특히나 민간 차원에서 소식을 주고받는 일도 극히 어렵거나 거의 불가능했다. 그런 조건에서 가뭄에 콩 나듯 들려오는 그의 소식들은 사실 확인이 아예 가능하지 않았다. 그의 전 유럽 체재 기간 동안 이천만 조선인 중 단 한 명이라도 그의 연주회에 참석한 일이 있었을지 의문이다. 있었다 하더라도 그의 활동 분야가 서양 고전 음악이라 현지어를 알아야 접근이 가능했다. 현지 독일에서 그는 사실상 고립된 '선계' 일본인이었다.

사실이 증발된 자리를 이미 해방 전부터 '조선이 낳은', 그리고 해방 후에는 '한국이 낳은' 그리고 또 '세계적인' 작곡가, 지휘자라는 신화가 차지했다. 그리고 앞에서도 말했듯, 안익태 애국가는 '기독교, 미국, 서북', 곧 당시 남한의 주류 네트워크에 올라타 증식되고 있었고 안익태 신화는 갈수록 메아리처럼 증폭되고 있었다. 새 애국가를 짓자는 사회적 합의에도 대안은 없었다. 이미 남한 내 좌우 대립이 전쟁을 예비하고 있는 조건에서 대안적인 애국가를 말할 만한 세력은 월북하거나 탄압에 의해 점차 거세되고 있었다. 해방 공간에서 김순남의 〈해방의 노래〉나 〈인민 항쟁가〉는 사실상 애국가의 기능을 하고 있었다 해도 과언이 아니었다. 하지만 김순남은 일찌감치 북으로 넘어가 있었다. 극심한 좌우 대립과 이념 갈등, 그리고 마침내 터진 한반도전쟁은 안익태 애국가로선 오히려 유리한 조건이었다.

이미 자작의 '애국가'와 분리된 채 저 멀리 유체이탈 상태였던 '반反애국가'적인 안익태에게 '애국가'는 최상·최고의 보호막이자 미래의 거처였다. 이는 안익태가 추구한 것은 아니었다. 아니 그의 의지와 아예 무관한 것이었다. 만주국 건국대학 교수 최남선은 해방 후 〈자열서〉라는 어정쩡한 반성문이라도 제출해야 했지만, 안익태에겐 그런 통과의 례조차 없었다. 그냥 침묵하면 될 일이었다. 그렇게 에키타이 안은 가만히 마치 아무 일도 없었다는 듯이 안익태로 돌아오기만 하면 되는 일이었다. 아무도 몰랐기 때문이다.

전쟁 중 안익태에 대한 소식은 1952년 11월 16일자 언론에서 확인된다. "거금 20여년 전부터 '퓌라델퓌아'에서 '필하모니'의 단원으로 한편 유명한 우리 애국가의 작곡자로서 해외악단에 널리 알려진 작곡가 안익태 씨는 다년간 소식을 알 길 없어 악단은 물론 예O원 각계에서 궁금히 역여오던 바 최근에 전해지는 확실한 소식에 의하면 씨는 제2차 세계대전을 독일에서 겪고 기후 런던, 로마(羅馬), 헝가리, 불가리아 각지를 2~3년간씩 음악 행각으로 유력하고 방금 서반아에 있으면서 스페인 마요카심포니를 주재하면서 환서環西와 불란서 간을 왕래하면 정기 공연의 지휘자로 맹렬한 활약을 하고 있다."[148] 요즘으로 치면 가짜 뉴스라 할 만하지만 우리 문화의 변방성, 그래서 세계적인 것에 대한 열등 반응이라 치면 그다지 놀라울 일은 아니다.

드디어 1955년 3월 19일 안익태는 25년 만에 귀국한다. 이승만의 80회 〈탄신 경축 음악회〉(!)에서 〈한국 환상곡〉을 지휘하기 위해서다. 일본 황기 2,600년을 그리고 만주국 건국 10주년 경축 음악회를 지휘했던 그가 이승만 탄신 80주년을 '경축'하기 위해 오는 것이다. 공항에는 서울시장이 마중을 나갔다. 탄신 경축 음악회는 3월 26일 서울시 공관에서 개최되었는데, 전 미8군 사령관 밴플리트 장군을 위시 외무장관, 민의원 의장 등 정계와 '외국 사신', 각계 저명인사들로 초만원을 이뤘다고 한다. 음악회는 "황인호 작사 김대현 작곡의 대통령 찬가 합창으로 시작"했다고 한다.[149]

한국 체재 기간에 열린 각종 환영 행사 중 그는 천주교 서울 교구의 환영을 받는데 이는 그가 스페인에서 천주교로 개종했기 때문이었다. 이 자리에서 그는 "모든 예술이 그러하겠지만 특히 음악은 음악의 선율을 통해 직접 천주님과 대화를 하는 경지에 이르러야 한다."면서 "애국가 작곡도 일종 신기로운 깨달음에 따라 육년 만에 완성된 것이라고 말했다."[150] 또 조국을 떠나면서 안익태는 "이번에 제가 조국에 오게 된 주요한 목적은 제가 존경하는 이승만 대통령 각하의 80주년 탄신 축하이며 또한 작곡한 환상곡 〈한국〉을 그분 앞에서 연주하고자 함

---

148 《경향신문》 1952년 11월 16일자.
149 《경향신문》 1955년 3월 28일자.
150 《경향신문》 1955년 4월 15일자.

이었습니다.(…) 이 대통령 각하로부터 친히 주신 문화 훈장은 아무것도 아닌 저에게는 무한한 광영이 되었습니다." 여기에 "이 대통령 각하의 만수무강을 비"는 것도 빠트리지 않았다.[151]

이승만과 안익태, 1955년

에하라 고이치는 앞에서도 본 것처럼 안익태를 이렇게 평한바 있다. "범접하기 어려운 노대가의 환심을 산 그의 수완에 우리들도 놀랐다. 하지만 그것은 수완이라기보다 그의 천성이자 타고난 능력이라 말하는 것이 낫겠다." 슈트라우스의 환심을 산 에키타이 안, 아니 안익태의 "천성이자 타고난 능력"은 이제 이승만을 향하고 있었다.

국사편찬위원회의 이승만 서한철에는 안익태와 관련된 일곱 통 정도의 서한이 남아 있다. 전쟁 직후인 1953년 10월 27일 이승만은 안익태에게 이렇게 답장을 보낸다.[152] 원문이 영어로 되어 있다.

---

151 《경향신문》 1955년 4월 29일자.

152 http://db.history.go.kr/item/imageViewer.do?levelId=le_005_3330

임(Limb) 대사[153] (정보용)

1953년 10월 27일

안익태 씨에게

당신의 교향곡 〈한국〉이 프로그램에 포함된 교향곡을 지휘하게 될 기회를 가지게 되었다니 기쁩니다. 당시이 지휘하는 연주회에 우리 측 사람들도 참석할 수 있게 되기를 바랍니다. 그들에게는 매우 독특한 경험이 될 겁니다.

워싱턴 대사관 문화 참사관(cultural counsellor)으로 임명해 달라는 당신의 요청과 관련해 내가 도움이 되기를 바랍니다. 외무 장관과도 얘기해 보니 그의 해외 임명 계획에 그런 자리는 제공되지 않는다고 합니다. 아시다시피 우리 달러 경비는 극히 제한되어 있고 최저 수준을 유지하고 있어요. 우리 지금 상황을 이해해주길 바랍니다.

당신의
이승만(서명)

---

153 Ben C. Limb 임병직 주 유엔대표부 대사를 말한다

안익태Eaktai Ahn

상임지휘자

마요카 심포니 오케스트라

팔마 드 마요카

에스파냐

에키타이 안이 이제 안익태 Eaktai Ahn로 살기로 한 건 분명하다. 그런 안익태는 1956년 1월 5일자《경향신문》신년 덕담성 기고에서 이렇게 말한다. "바로 오년 전의 일입니다. 내가 서반아로부터 미국으로 가던 도중 창창한 대서양 해상에서 6·25동란으로 인한 조국의 비참한 소식을 듣고 한없는 불안을 가졌습니다." 그랬을까? 이승만에게 편지를 보내 워싱턴 주미 대사관 문화 참사

Ambassador Limb (for information)

c
o
p
y

27th October 1953

Dear Mr. Ahn,

I am very happy to know that you have an opportunity to conduct some of the symphony orchestras in America and I hope that you will include your symphony "Korea" in the program. I wish some of our people could attend some of the performances under your direction. It would be a unique experience for them.

In regard to your request to be appointed as cultural counsellor to our Washington Embassy, I wish I could help you. I talked with the Foreign Minister and he told me that such a position has not been provided for in his planning of foreign appointments. As you know, our expenses in dollars are very restricted and kept at an absolute minimum. I trust you will understand our present situation.

Yours sincerely,

/s/ Syngman Rhee

Mr. Eaktai Ahn,
Maestro Director,
Orquesta Sinfonica de Mallorca,
Palma de Mallorca,
ESPANA.

1953년 10월 27일 이승만이 안익태에게 보낸 편지

관 자리를 부탁한 이유가 그런 조국을 구하기 위해서? 스페인 저 궁벽진 마요카 교향악단에 싫증이 났던 걸까?

이 편지 직후인 1953년 12월 10일자로 이승만은 주미 대사에게 대외비 서한을 발송한다. 여기에 따르면 "안익태로부터 받은 편지를 동봉

하오. 그가 요청하기를 내가 카네기홀 자선 공연을 개최하고 또 그로부터 나온 수익금 전액을 한미 재단(American Korean Foundation)에 기부하는 것과 관련 한미 재단과 당신에게 편지를 써달라고 했다네. 나로서는 누가 재정적인 책임을 져야 하는지를 모르는 상태에서 이것을 한미 재단에 추천하고 싶지 않기 때문에 나로선 뭐라고 해야 할지 진정 모르겠네. 카네기홀을 대여하는데 엄청난 비용이 들 것이고 결국에 가선 한미 재단이 돈을 받기보다 지불해야 할지 모르네. 밴플리트 장군이나 베비스Bevis 씨에게 내가 이 먼 곳에서 무엇을 하기는 매우 어렵다는 것을 분명히 해주게나. 무엇을 해야 할지는 전적으로 그들한테 달려 있다고 말일세."[154]

1958년부터 안익태의 관심은 〈한국 환상곡〉의 뮤지컬 영화화였다. 2002년 청와대가 비서실에 보관 중이던 역대 대통령 통치 사료들을 언론에 공개했는데 그 중 이승만과 안익태에 관련된 일련의 내용들이 포함되어 있다.[155]

대통령 각하, 제 작품 〈환상교향곡 한국〉을 음악 영화로 만드는 계획에 대해서 구체적으로 말씀드리자면, 이 영화는 한국의 역사와 수려한 산하, 한국의 춤, 압제와 비극, 그리고 마지막으로 자유와 독립의 승리를 묘사할 것입니다. 스크린에서 한국의 유장한 역사가 펼쳐지는 동안 1000명의 합창단과 200명으로 구성된 교향악

154 http://db.history.go.kr/item/imageViewer.do?levelId=le_005_3440
155 〈안익태 프란체스카 박근혜의 청와대 파일 "박정희는 프란체스카 여사에게 승용차와 하사금을 줬다"〉, (《신동아》 2002년 2월호).
http://www.donga.com/docs/magazine/new_donga/200202/nd2002020125.html

단이 저의 작품 〈한국 환상곡〉을 연주할 것입니다….[156]

안익태는 1958년 3월 22일자로 이병일에게 자신의 프로젝트를 다시 한 번 설명하는 편지를 보냈다. 이병일은 동아영화사 설립자이자 1950~1960년대 한국 영화를 풍미한 미국에 유학했던 영화감독이다.

한국에서의 나의 프로젝트에 대해 홍보처 오재경 처장에게 편지를 보냈으니 그를 방문해 내 프로젝트를 받으시면 됩니다. 모든 것이 확정될 때까지는 비밀을 지켜주십시오. 첫째, 〈환상교향곡 한국〉이라는 뮤지컬 영화를 만들고자 합니다. 이 영화는 한국의 역사를 묘사하는데 그 경관과 춤과 폭정과 비극과 그리고 마지막으로는 자유와 독립의 궁극적인 승리입니다. 저는 한국의 역사가 무대 위에 펼쳐지는 동안 〈한국〉을 연주하기 위해 500인의 합창단원과 150인의 교향악 단원을 운용할 것입니다.

동봉한 대통령에 보낸 사본을 참고해 주십시오. 공개 녹음과 미국을 겨냥한 TV프로그램을 위한 프로젝트도 있습니다.(…) 이 대통령께 나는 워너브라더스사와 20세기 폭스사가 영화가 좋거나 그들이 보기에 그럴 거라 생각하지만 전 세계를 대상으로 해서도 흥미가 있다면 세계 시장 배급을 할 용의가 있을 거라고 편지를 보냈습니다.

가장 중요한 것은 내가 서울로 가야 하는데 그래서 오재경 처장과

---

156 《신동아》 2002년 2월호.

얘기해서 팬아메리카 항공사 편으로 호놀룰루에서 서울로 가는
비행기 티켓을 보내주십시오. 가능 여부를 전보로 회신해 주십시
오. 만일 안 된다면 뉴욕을 거쳐 스페인으로 돌아갈 예정입니다.
내 프로젝트는 한국을 위해 극히 중요합니다. 그러니 매우 조심스
럽게 다루어주십시오. 나는 당신이 내 프로젝트를 이해하실 거라고
믿고 있고 또 나와 한국을 위해 최선을 다하실 거라 믿습니다.[157]

바로 3월 27일자 다음 편지에서 안익태는 이병일 감독이 자신의 프
로젝트를 받을 것인지 여부를 물으면서 이렇게 권한다.

내 친한 친구인 이기붕 씨와 얘기해 보십시오. 그가 내 프로젝트를
위해 할 수 있는 모든 것을 도울 거라 확신합니다.[158]

이기붕은 이승만의 최측근으로 3·15부정선거의 주범으로 결국 온가
족 자살로 생을 마감한 자다. 이승만 서한철에는 이 사안과 관련 발신
인이 없는 편지가 하나 있는데 내용은 이병일이 안익태의 뮤지컬 영화
를 만들 자금도 없고 비행기 티켓 살 돈도 없어 제작하지 않겠다는 것
이다.[159] 안익태의 프로젝트에 공보처 역시 "이곳(한국)에 있는 우리 모
두는 선생님의 제안에 열광하고 있습니다. 그러나 영화화를 위한 대부
분의 재원을 나라 밖에서 구할 수 없다면 이 계획은 실현되기가 어렵다

157 http://db.history.go.kr/item/imageViewer.do?levelId=le_009_1740
158 http://db.history.go.kr/item/imageViewer.do?levelId=le_009_1780
159 http://db.history.go.kr/item/imageViewer.do?levelId=le_009_1890

는 것이 안타까운 현실입니다." 오재경은 안익태가 워너브라더스나 월트디즈니 같은 영화제작자들을 직접 설득해 볼 것을 제안했다.[160][161]

안익태는 3월 17일자 편지에서는 한국에서 '제1회 국제 음악제'를 개최할 것을 제의하면서 이 행사에 참가할 미국 측 음악인의 명단까지 적어 보냈다. 이외에도 한미문화 협회를 만들자는 제안도 했다. 과거의 독일협회가 연상될 수도 있는 대목이다. 여기에 대해 이승만은 1958년 3월 20일자 전문에서 "알다시피 (기왕에 설립돼 있는) 한미 재단의 목적이 바로 양국 간 문화 교류 촉진이고, 우리는 또 밴플리트 장군이 주도하고 있는 '코리아 소사이어티'를 전적으로 지원하고 있소. 이런 마당에 양국 간 문화 교류를 위해 또 다른 단체를 만드는 것은 참으로 어리석은 일이 될 것이오. 이 점, 안 선생의 제안에 동조하는 사람들에게 잘 설명하기 바라오."

---

160 《신동아》 2002년 2월호.

161 〈한국환상곡〉을 영화화하려는 시도는 4·19혁명 이후에도 계속되었다. 한국전 당시 '하늘의 영웅' 헤스 예비역 대령과 이진섭이 시나리오를 쓰고 한미 양국 로케로 영화화한다고 《동아일보》 1960년 5월 18일자가 보도했다. 동 신문 7월 15일자 보도에 따르면 안익태가 이승만 탄신 연주회에 왔을 때 이진섭에게 시나리오를 부탁했다고 하고, 헤스 대령에 의하면 배우 럭 허드슨의 프로덕션에서 제작을 맡을 예정이라고 한다. 하지만 2년 뒤 1960년 4월 5일자 《경향신문》 보도에 의하면 동성 영화 공사가 영화 제작권을 따내 제작 착수 자축연을 열었다. 동성 영화 공사의 창립 기념작이 될 이 영화에 3억 예산으로 15개월에 걸쳐 완성할 예정이며 감독은 전창근 작곡, 편곡, 지휘는 안익태가 맡고 미국에서 필립 안과 럭 허드슨도 출연을 희망하고 있다고 한다. 그런데 영화감독 유현목은 1992년 《경향신문》과의 인터뷰에서 이렇게 회고하고 있다. "61년 5·16 직후 안익태가 자신에게 〈코리안 판타지〉 영화의 감독을 맡아 달라 해서 흔쾌히 수락한 적이 있다. 시나리오작가로 이진섭을 교섭해 초고가 완성되는 등 영화화에 박차를 가했지만 결국 불발로 끝났다." 원인은 물론 자금난이었다. "지방 흥행사들이 '뮤지컬 영화'가 흥행성이 없다고 붙지를 않았다. 당시만 해도 (…) 국내에서 '뮤지컬 영화'를 만들어 상영한다는 것은 무모한 도전임에 틀림없었다. 게다가 이 〈코리안 판타지〉는 단군 이래 오늘날까지의 민족 수난의 역사를 그린 세미다큐멘터리 형식의 순수한 뮤지컬이었던 만큼 상업적 측면에서 볼 때는 거의 제로에 가까웠기 때문이다."(《경향신문》 92년 3월 11일자) 처음 이승만을 움직여 첫 시도가 있은 안익태의 영화화 프로젝트는 결국 이렇게 '엎어지고' 말았다.

안익태는 또 자신의 미국 내 연주 활동을 위해 이승만이 미국 내 주요 연주 단체에 직접 편지를 써달라고도 했다. 지금도 여러 음원들을 통해 접할 수 있는 클리블랜드 오케스트라의 조지 셀, 필라델피아 오케스트라의 유진 오먼디, 휴스턴 오케스트라의 지휘자 레오폴드 스토코브스키 등이 그들이다(1958년 5월28일자 서신). 여기에 대해 경무대 측은 안익태에게 보낸 편지에서 "대통령이 미국 내 주요 도시의 오케스트라 지휘자에게 직접 편지를 쓰는 것은 적절치 못하며, 주미 한국 대사에게 안 선생의 요청을 전달해 놓았으니 주미 대사가 그 요청에 응할 수 있을 것"(1958년 6월12일자)이라고 말하고 있다.[162]

근 반세기가 지나 이제야 공개된 이승만에 대한 안익태의 청탁 리스트를 어떤 '예술적'인 의미로 해석할 수 있을 것인가. 분별없는 마구잡이 청탁에 차라리 분별 있게 대응한 건 이승만이었지 않은가. 주미 대사관 자리 청탁에서 시작해 카네기홀 콘서트 주선, 본인이 주인공인 뮤지컬 영화 지원, 한미 문화 협회, 국제 음악제 그리고 미국 내 유명 연주 단체 협조 요청까지 꽤나 긴 이 청탁 리스트에서 그래도 이승만 하야 후 그나마 성사된 건 국제 음악제뿐이 아닌가 싶다. 이승만에 대해 지금 우리가 공과를 따지더라도 어찌되었건 독립운동을 했던 사람인데 안익태는 에키타이 안이 아닌가. 염치廉恥라는 단어가 연상되는 실로 역사에 보기 드문 청탁 패키지인 동시에 안익태의 민낯이다.[163]

---

162 《신동아》 2002년 2월호.
163 《대한민국 외교사료해제집(1957)》에도 안익태가 등장한다. "1. 스페인 거주 안익태는 1957.4.13. 스페인 법무장관 등을 역임한 Mr. Perez를 주스페인 한국 명예 영사로 임명하여 줄 것을 우리 정부에 건의함 2. 당시 정부는 외국에 명예 영사를 임명하지 않는 방침이었으므로 안익태의 건의는 수용되지 않았음." http://diplomaticarchives.mofa.go.kr/dev/appendix.go 추정컨대 안익태가 이승만에게 페레스 명예 영사 임명을 청탁했고 대통령이 이를 다시 외교부

애국지사로 둔갑한 안익태는 2차 방한은 역시 이승만의 〈제85회 탄신 경축 대연주회〉 일정이었다. 1960년 3월 서울시향과 KBS 합동 대연주회가 개최되었고 안익태가 여기에 출연하는 일정이었다. 3·15부정선거 직전인 3월 9일 귀국해서 약 2주일 머물 예정이라고 보도되었다. 그가 제85회 이승만 탄신 경축 연주회를 마치고 출국한 지 한 달이 채 안 돼 4·19혁명이 발발했으니, 이승만을 위한 탄신 기념 음악회는 영원히 없을 일이 되어버렸다.

5·16 이후인 1962년 초 합동 연주회를 위해 1961년 연말 서울을 방문한 안익태는 공항에서 새로운 지도자가 있는 고국에 다시 와서 퍽 기쁘다고 말한다.[164] 그리고 당시 문교부 장관과 서울 시장을 예방하고 "혁명정부의 지도자들이 모두 일을 잘해 나가고 있어 믿음직하다."고 말한다.[165] 이어 1962년 1월 5일 최고회의 의장 박정희를 예방, 자신의 지휘봉과 〈한국 환상곡〉 레코드를 선물했다. 이 자리에서 박정희는 "앞으로 우리나라에 돌아와서 이곳에 근거를 두고 적어도 한 해에 6개월씩은 한국에 머무르면서 우리나라를 위해 일해 달라."고 당부했다 한다.[166] 또 1월 14일자 《동아일보》는 안익태가 기자와 만나 "오는 5월쯤 서울에서 5·16혁명 돌맞이 축하로 국제적인 대연주회를 가질지도 모른다고 말하면서 15일쯤에 정부에서 최종결정을 내리면 금년의 해외 연주 스케

로 송부했을 것으로 보인다. 여기 등장하는 페레스, 곧 에두아르도 아우노스 페레스Eduardo Aunós Pérez(1894-1967)는 1928년 미구엘 리베라 군부 정권에서 노동 장관을, 스페인내전 이후 프랑코 독재정권하에서 1943-45년 법무 장관을 역임했다. 페레스는 프랑코의 팔랑헤당 주요 인물이었던 확고한 파시스트였다. 안익태가 왜 이 파시스트를 명예 영사로 추천했는지 그 내막을 알 수는 없지만 페레스가 동시에 작곡가였다는 점이 작용했을 거로 짐작된다.

164 《동아일보》 1961년 12월 27일자.
165 《경향신문》 1961년 12월 28일자.
166 《경향신문》 1962년 1월 6일자.

줄도 약간 바꿔야 될 것 같다."고 말했다. 여기에 "국내의 음악 단체들이 통합되고 국내 질서가 호전되어 가는 것을 가리키면서 '한 나라는 마치 한 교향악단과 같은 것으로 지휘자 여하에 달렸는데 위대한 지도자 박정희 장군 밑에서 국민 각자가 자기 부서를 잘 지켜나가면 나라가 잘 될 것'이라고 열을 띠고 말하였다"고 한다. 실제로 그 해 5월 17일 〈5·16 한돌 경축 시민 위안 음악회〉가 서울 운동장에서 개최되었다.

박정희와 안익태 1962년 1월 5일

1962년 5월 17일 서울운동장에서 열린
'5.16 한돌 경축 시민 위안 음악회'

안익태가 적극적으로 자신의 정치사회적 견해를 피력한 경우는 드물다. 하지만 과거 독일에서 슈트라우스, 해방 이후 이승만, 그리고 박정희에 이르기까지, 그 권력의 성격이 무엇이건 예컨대 문화 권력이건, 전제적·가부장적 권력이건, 그리고 군부 권력이건 기본적으로 권력에 추수적이고 영합적인 모습을 보였음은 부인하기 어렵다.

실제 안익태의 이런 성향이 사단을 일으키는 것이 1964년의 제3차 국제음악제였다. 서울 국제음악제 상임위원회는 그해 1월 29일 안익태를 만장일치로 상임위 부위원장으로 선출했다.[167] 그런데 여기에는 안익태를 둘러싼 한국 음악계의 해묵은 패권 다툼이 내장되어 있었다. "23일 하오에 열렸던 국제음악제 상임위원회 제2차 회의에서는 안익태 씨가 자기 안대로의 음악제를 추진할 기세에 있다는데 전원이 격분하여 자폭도 불사하겠다는 강경한 태도를 보임으로써 국제음악제 준비에 큰 차질을 일으키고 있다. 안익태 씨가 정부 고위당국자와 접촉하여 관권으로 상임 부위원장직을 차지하고, 이 음악제 추진의 중심체인 상위를 무시하고 있다는 데서 시작된 이 분규는 25일 상오에 열릴 상위의 제3차 회의에서 해결책이 논의될 예정이다." 이에 대해 안익태는 "내 복안을 알아보지 않고 미리 말썽을 일으키는 것은 경솔한 짓"이라는 반응을 보인다.[168] 마찬가지로《경향신문》도 1월 25일자 기사에서 그간의 전말을 전하면서 상임위를 무시한 채 자신의 안을 고위층의 '백'을 통해 관철하려는 안익태에 대해 행사 주관 기관인 상임위가 "마치 안익태

---

167 《동아일보》 1964년 1월 29일자.
168 《동아일보》 1964년 1월 24일자.

대책위"처럼 되어버렸다고 전하고 있다. 그래서 "옥신각신 끝에 안 씨를 부위장으로 하더라도 그의 독단은 철저히 막기로 합의함으로써 일단락"되었으나 재차 상임위를 무시하는 일이 있을 땐 전원 총사퇴하기로 다짐했다고 한다.[169]

하지만 그렇다고 음악계 내의 내홍이 가라앉은 것도 아니다. 그해 4월 국제음악제 주최 측인 서울시장이 "'달라' 부족, 예산 초과, 상임위원회의 내분"을 이유로 음악제 중단 성명을 내고 행사를 중지시켰다.[170] 이에 음악계가 일제히 이를 비난하고 나섰고 안익태도 '나 혼자서라도 열겠다.'는 식으로 버티면서 오락가락하다 그해 5월 음악제가 열린다. 그러나 문제는 또 있었다. 한참 음악제가 진행되는 과정에서 헝가리 태생 미국 지휘자 피터 니콜로프가 미리 준비했던 성명서를 기자들 앞에서 낭독하며 안익태를 맹비난했다. 그러고는 자신이 성명을 미리 발표하는 것은 반反 안익태계 음악인들의 권유 때문이라고 밝혔다.[171] 이러한 안익태 대 반안익태 그룹 간의 공방전은 이 국제음악제의 미래를 어둡게 하는 일이었다.

제1회 국제음악제는 1962년에 개최되었다. 5월 2일의 개막제 프로그램으로 안익태의 〈한국 환상곡〉과 베토벤의 〈합창〉 교향곡이 올라갔다. 물론 '동시에' 올라갔다.

---

169 《경향신문》 1964년 1월 25일자.
170 《동아일보》 1964년 4월 4일자.
171 《동아일보》 1964년 5월 26일자.

1962년 KBS와 서울시향 합동 연주회 광경. 6백 명이 넘는 인원이 무대 위에 올라 가 있다

5백 명인가 하는 인원을 투입해서 5월 2일에 열린 안익태 지휘 〈한국 교향악의 밤〉은 〈코리아 판타지〉의 일시적인 연주 중단과 베토벤 곡 〈제9번〉의 종악장만의 연주로 사회적 물의를 일으켰고 그는 계속해서 악단의 정치 파동이라고 부를 만한 파문을 일으켜서 아직도 관심을 모으고 있다.

안 씨는 사회적 명성도 명성이거니와 그 정치적 역량에 있어서도 우리 악단의 정치적 송사리 떼와는 그 '스케일'에 있어서 문제가 안 된다. 지금 그의 행동은 국가적 사회적 견지에서 다루어지고 있는 점에 그 특징이 있다고 하겠는데 그 반면에 음악적 견지에서는 소홀하거나 편파적으로 다루어지는 경향이 농후하다.

독일 후기 낭만파의 구스탑 말러에게는 천명의 교향악곡도 있다지만 안 씨의 〈코리아 판타지〉가 과연 5백 명의 인원을 요구할 만한 음악적 필요성을 그 작품 내용이 지니고 있느냐는 점이라든가, 음악적 순도를 잃지 않는 지휘자로서의 양심의 문제라든가, 또 내

한 음악가의 한 사람인 그가 일시적 공명심에 쏠리기 쉬운 음악 행동이 우리 음악계의 장래에 미치는 득실 같은 것은 음악적 견지에서 신중히 논의되어야 할 것이다.

왜냐하면 화려한 성격인 그는 우리 악단 백년을 위한 기초 작업에 열의를 보이기보다 우리가 걸어온 음악 력량을 총집중시켜 과시하기에 관심을 가지는 데 비해서, 싫거나 좋거나 이 땅에 뿌리를 박고 이 땅위에서 한 알의 씨앗이고자 하는 우리는 우리대로의 자세로 그의 행동을 응시해야 할 것이기 때문이다.[172]

'반反 안파'로 일컬어지는 음악 평론가 박용구의 평에 이어 또 다른 평론가 최영환은 이렇게 쓰고 있다.

사상 최대의 교향악 연주회였다. 우선 시각적인 면에서 문자 그대로 일대 장관을 이루었는데 참으로 안익태 씨 아니고는 꿈도 꿀 수 없을 만큼의 거대한 '스케일'의 기획이었다. 〈코리아 판타지〉의 애국가와 베토벤의 〈환희에의 송가〉는 그 넓은 회장을 진동시킴으로써 청중을 흥분케 하는 데 충분하였고 지휘자 안익태 씨의 의도는 달성된 것으로 생각한다.

그러나 그것이 어떤 행사를 위한 연주가 아니라 음악을 위한 연주회였다고 하는 데 생각이 미칠 때 우리는 몇 가지 시정되었어야 할 사실을 여기에 지적하고 기록해야 할 의무를 느낀다.

---

172 박용구(1962), 「동양성 탈피에 도움. 62년 상반기의 악단」, 《동아일보》 1962년 6월 27일자.

음악은 먼저 유시하는 게 아니라 내면적인 순수성에 그 가치가 있다고 한다면 아무리 훈련된 연주가들이 모였다 할지라도 그 짧은 연습으로 그 많은 인원이 과연 올바른 합주나 합창을 해낼 것인가 한 점이었는데 확실히 합창은 그것이 합창이 아니라 소리를 지르는 집단인 듯 잡다한 느낌을 줌으로써 시각적으로 비친 장관과는 좋은 대조를 이루었다. 음악 연주는 군대의 사열이 아니며 '플레이아'의 실수는 전적으로 그 책임이 지휘자에게 있는 것임을 깨달을 때 더구나 조그만 국내 연주회도 아니고 우리나라로서는 역사상 최초의 국제 음악제의 무대에서 악원에게 호령하며 음악을 중단한 일이 있었다고 하는 것은 참을 수 없이 분격할 일이다. 신성한 연주회장을 모독하는 이러한 방약무도한 태도는 마땅히 시정되지 않으면 안 될 것으로 생각한다.[173]

약 650명이 무대에 올라 '악樂보다 과잉된 힘의 과시' 자리가 되었던[174], 이날의 연주회 발상은 이미 안익태의 '뮤지컬 영화' 프로젝트에서 등장한 것이었다. 그리고 자신의 〈한국 환상곡〉과 베토벤 〈제9번〉을 컴필레이션하는 발상의 기원은 오래되었다. 이미 앞에서 말한 것처럼 이 구상은 이미 1943년 빈에서 유래된 것이다. 즉, 〈만주국〉과 베토벤 〈제9번〉을 같이 무대에 올리겠다는 그의 구상은 하지만 독일협회 빈 지회에서 거부된 적이 있다. 이제 해방 조국에서 그는 〈만주국〉 대

173 최영환, 〈아쉬운 순수성. '교향악의 밤' 공연평〉, 《경향신문》 1962년 5월 3일자.
174 《경향신문》 1962년 5월 3일자.

신 〈한국 환상곡〉과 베토벤 〈제9번〉을 엮는 대역사를 이룬 셈이다. 그 전말이야 더 살펴봐야 하겠지만 여기에는 안익태의 '정치적 역량' 혹은 '백'이 작용한 부분이 없지는 않을 것이라 본다. 그리고 여기 우리는 이 책에서 일종의 '전지적全知的' 관점에서 이 사태를 볼 수 있지만, 당시 1960년대 초 여전히 친일 잔재가 득세하고 있던 한국 음악계로선 '애국가의 작곡자'이자 '세계적인 지휘자'로 과대 포장된 안익태의 '애국'과 '세계적'이란 말의 위력에 맞서기는 결코 쉽지 않았을 것이다.

에키타이 안과 안익태 간의 '해리적解離的'(dissociatiove) 정체성 간극이 확장될수록 거대 서사, 과잉 서사의 편향은 심해지기 마련이다. 사실 〈만주국 환상곡〉과 베토벤 〈제9번〉을 한자리에 놓고자 하는 그 자체도 한편으로는 자신의 작품을 베토벤의 반열에 놓고 싶다는, 다른 한편으로는 식민지 출신 음악청년의 열등감을 단박에 극복해 더 빨리 이름을 내고 싶다는 욕망의 표현일지 모른다. 그리고 이름이 〈한국 환상곡〉으로 바뀐 이 작품을 600명 이상을 무대에 올려 단군부터 현대까지 민족의 수난곡을 뮤지컬 영화로 형상화하겠단 것 역시 과잉 욕망의 발로라 하겠다. 평론가 박용구가 지적했듯 이러한 환상곡이라는 곡의 음악적 내용이 저 '군중'에 가까운 연주자라는 형식을 필요로 하는지가 문제의 핵심이다. 그런 점에서 1959년 7월 6일 런던 필하모니 오케스트라 지휘에 대한 런던 평단의 반응도 들어보자.

처음 부분은 리하르트 슈트라우스 씨의 찬사에 부끄럽지 않으나 자기로서는 그 거장이 아무리 과장해서 표현한다 할지라도 뒷부분이 귀가 멀어질 정도로 요란하게 끌고 나갈 수 있을 것인지 의

심스럽다.(…) 일단 매력적이고 훌륭한 전원적 '씬'이 지나가자 우리들의 귀를 즐겁게 하기 위하여 꾸민 모든 사회주의적 리얼리즘과 다름없이 빈속이 들여다보이는 종류의 애국적이고 낙관적이며 전도를 약속하는 '매니페스토'로 변하였다. 목적에 있어서 성실함이 예술적 성공을 보장할 수 없음은 어찌 아니 딱한 일이던고.[175]

이미 그 자체로 대편성 오케스트라에다 합창단이 합해진 〈한국 환상곡〉의 연주자를 10배 늘린다고 예술적 성취가 그 만큼 올라가는 것이 아님은 분명하다. 음량을 키운다고 해도 그것은 마찬가지다.

봉인과 도전

비 법정 국가國歌인 안익태 〈애국가〉에 대한 도전은 부단히 이어져왔다. 4·19혁명 이후 열린 공간에서 새롭게 맞이하는 제2공화국에서 낡은 것을 일소하자는 움직임은 그 자체로 자연스러운 것이다. 잘 알려진 아동문학가 윤석중은 그래서 국호, 국기, 국가, 국화, 연호 등 국가 상징의 전면적 재검토를 요구하고 나선다. 그중 애국가 부문을 보자.

스코틀랜드의 민요곡에 맞추어 일정 때 숨어 부르다가 안익태 씨의 신곡을 만난 애국가 '동해물과 백두산−'이 어느 틈에 국가 행

---

175 《동아일보》 1959년 7월 9일자.

세를 하고 있기는 하나 '로켓트' 시대에 '남산위에 저 소나무 철갑을 두른 듯' 너무나 후락하다. '밝은 달은 우리 가슴 일편단심' 역시 시대에 뒤떨어졌다. 누가 지었느냐로 안창호 설과 윤치호 설이 서로 맞섰다가 '작자 미상'으로 낙착되었거니와 애국가는 애국가대로 위해 부르기로 하고 남녀노소가 아껴 부를 수 있는 국가를 공모해서 새로 마련하라. 국가란, 어린이들도 부를 수 있고 어린이들도 알아들을 수 있어야 하겠으므로 가사나 곡조가 쉬워야 할 것은 말할 것도 없다. '보우'니 '공활'이니 하는 어려운 낱말이 내달아서는 딱하다.[176]

1964년에 들어 《경향신문》은 〈어떻게 고쳐야 하나〉라는 기획 기사를 통해 국기, 국가, 국화 등 국가 상징에 대한 여론 조사를 시행했다. 물론 주로 지식인을 대상으로 한 것으로 국민 여론 전반을 다룬 것은 아니었다.

- 지금 우리가 부르고 있는 〈애국가〉는 국가라고 생각하십니까?
- 달리 국가가 만들어진다고 하면 그 가사며 곡조는 어떻게 강조되기를 원하십니까?

지금 불려지고 있는 애국가를 작곡한 안익태 씨는 그것을 '하느님

---

176 《경향신문》 1960년 8월 18일자. 윤석중은 〈우리산 우리강〉이란 노랫말에 '어린이 애국가'라는 부제를 붙인 바 있다. 그 노랫말은 익히 아는 바다. "북쪽으로 가면 백두산 남쪽으로 가면 한라산. 우거진 수풀 바람 막아주는 정다운 산 우리 산. 북쪽으로 가면 두만강 남쪽으로 가면 낙동강. 동해물에서 반갑게들 만날 즐거운 강 우리 강." 《경향신문》 1957년 11월 25일자.

이 주신 노래'라고 말한다. 이 애국가가 작곡된 것은 1937년이었다. 그해 미국 샌프란시스코에서 발간되던 《신한민보》에 처음 발표되었었다. 그러니까 미국에 있는 우리 교포들은 해방 훨씬 전부터 이 노래를 알고 있었던 것이다. 안 씨 작곡의 애국가가 우리나라에 들려 온 것은 1942년 미국 전시 정보국에서 우리나라로 보내던 프로 〈새동아의 빛〉이 방송될 때였다. 어언 23년이나 된다. 가사는 안창호 선생이 지은 것이라고 하지만 후문이 분분한 형편. 아무튼 1948년 8월 15일 대한민국 정부 수립과 동시에 정식으로 그것은 애국가로 채택되었다. 국가 행사 때는 누구나 옷깃을 여미고 부르는 노래, 조국을 생각케 하기 때문이다.

새 국가 찬성 83%

설문을 받은 이들은 반수 이상(52%)이 애국가는 국가가 아니라고 잘라서 말했다. 국가라는 이는 26%, 이들 가운데는 '그럭저럭 국가가 되어버리지 않았느냐.'고 반문한 사람도 있다.

그러나 국가이든 아니든 그것을 새로 제정하는 것이 좋겠다는 의견은 아주 지배적이다. 응답자의 83%가 그렇게 말하고 있다. 그대로 부르자는 견해는 불과 15%, 나머지 2%의 사람들은 '통일이 될 때까지'라고 기한부를 달았다. 그러니 새 국가를 바라는 사람은 85%인 셈이다.

애국가 두자고도

지금의 애국가를 국가로 제정해서 그대로 부르자는 최상수씨(민

속 학자)의 견해를 보자. '지금 부르고 있는 것은 애국가이고 국가
는 아니지만 실상은 국가나 조금도 다름이 없다. 국외에서 널리 불
리고 있지 않은가? 그러므로 지금의 애국가를 국가로 제정하면 될
것이다. 시비를 하는 이가 있으나 애국가는 역사성으로나 현실성
으로 보아서 국가로 될 여러 가지 점을 구비하고 있다.'

작곡가 박태현 씨도 '현재의 애국가가 국가로 되어도 좋다'는 의
견. 고정기 씨(여원사 주간), 김이석 씨(소설가), 김기두 교수(서울
법대) 등도 대개 이와 같은 견해를 갖고 있었다. 전광용 교수(서울
문리대)나 이응백 교수(서울 사대)는 '남북통일 때까지' 그 문제를
미루어두자고 했다.

가사에 큰 관심

국가를 새로 제정하자고 주장하는 이들은 곡조에보다도 가사에
더 많은 관심을 보였다. 지금의 애국가에 나오는 '동해물과 백두산
이 마르고 닳도록'이란 구절은 비판이 대단했다. 사학가 홍이섭 교
수(연세대)는 '극한적인 표현'이라고 그것에 질색을 했다. 이진구
교수(이대 불문학)는 '3천리 금수강산, 3천만, 반만년' 따위의 어휘
만은 들어 있지 않도록 하자'고 주장했다.

새로 국가를 제정한다면 그 내용은 어떻게 할까? 응답자들은 대
부분이 '진취적'이기를 바랐다. '장엄하고 활기에 넘친'이라는 기
대를 말하는 이들도 퍽 많았다. '현대적인 느낌'을 담자는 주장도
10%쯤, 천경자 여사(동양화가)는 '대중적이면서도 예술적인' 국가
를 원했다. 성악가 홍진표 씨는 '오랫동안의 식민지 생활로 인한

비애감과 자탄이 없는 곡'을 국가로 하자고 말했다.

가사·곡조는 공모를

국가를 제정하는 방법은 공모를 주장하는 이가 지배적, 왕학수 교수(고대)도 이렇게 주장하며 그 가사는 문필가, 시인, 교육자, 군인으로 구성된 심사위를 구성해서 모집을 하자고 했다. 작곡가 나운영 씨는 지금의 애국가는 '서양식 찬송가'라고 말하면서 새로 제정할(제정한다면) 국가의 곡조는 7·5조를 피하자고 주장했다. '한국적인 곡조'가 좋다는 것이었다. 김원룡 교수(서울 문리대 고고학)도 '우리나라의 기후 풍토가 반영된 한국적이면서 전혀 새로울 것'을 기대했다. 박용구씨(음악 평론가)는 '헌법 제1장 1조의 '민주 공화국', 제2조의 '왕권은 국민에게', 제5조의 '자유·평등·창의'가 가사에 포함되도록 하자.'는 주장을 내세웠다. 곡조는 역시 공모로. 최현배 박사(한글학자)는 '백두산의 웅장한 정기를 타고 삼면 바다의 반도 나라도 대양을 내다보고서 멀리 나아가려는 기상과 동방의 새 문명의 창조자로 이상을 강조하는 가사'를 제정하자고 말했다.[177]

이 설문 조사는 1960년대에 실시한 것이지만 새 국가 공모 제정 방식이 압도적 대세임을 보여주고 있다. 그리고 애국가 문제는 주로 가사에 집중되고 있는 데, 여기서 작곡가 나운영이 안익태 애국가의 곡조를 '서양식 찬송가'라고 짚은 뒤, '한국적 곡조'를 대안으로 삼는 것은 흥미

---

177 '어떻게 고쳐야 하나(2) 국가', 《경향신문》 1964년 2월 11일자.

로운 지점이라 하겠다.[178]

　1968년 당시 고대 강사 윤장근은 애국가의 가사가 "동해, 남산 등 구상 어휘가 많다는 점을 지적"하면서 "애국가는 다의성을 띤 관념어가 더 적합하다."는 견해를 피력하고 있다. 그리고 또 다른 문제로 "곡조가 〈올드 랭 사인〉인 구곡이나 현용곡이 전적으로 서양 음악 체계에 의해 작곡됐다는 점, 여기서 그는 국가란 그 민족 특유의 시와 곡으로 제작되어야 하며 그때 비로소 국가를 애창하는 국민도 고유 문화의 긍지를 느끼게 된다고 주장"했다.[179] 한마디로 현행 애국가는 시와 곡 모두에서 민족 고유성이 결여되어 있다는 주장이었다.

　1971년에 들어서도 애국가 가사에 대한 문제 제기는 이어졌다. 이번엔 한국 어문 연구회가 새 국가 제정을 '건의'하고 나섰다. 이에 따르면 "1. 한말과 오늘에는 국가의 환경이 다르고, 2. 애국가 일부에서 '마르고 닳도록'이라는 표현이 좋지 않고, 또 '하느님이 보우하사 우리나라 만세' 부분과 후렴의 '대한사람 대한으로 기리 보전하세' 부분이 상이한 이념을 담고 있으며, 3. 4절은 본래 황실을 찬양한 것으로 다소 고치기는 했으나 후렴과 중복되고 있다."는 것이다.[180]

　한국 음협 소속 서울 교대 교수 박찬석의 국가 문제도 1970년대 후반 시선을 끈 사안이었다. 박찬석은 "이른바 국적 있는 교육을 하자니 국

178　그 가장 두드러진 예가 〈한국 환상곡〉의 대미에 해당되는 애국가 합창 부분의 마지막 코드를 들 수 있다. 관현악과 함께 합창단이 '만-세' 가사를 노래하는데 여기서 안익태는 'IV도→ I도'라는 '변격 종지'를 사용했다. 이 변격 종지는 일명 '아멘 종지'라고도 하는데 찬송가의 '아멘'도 'IV도→ I도' 화음으로 이루어진다. 실제 안익태는 〈한국 환상곡〉 1953년판에서 여기에 '만-세' 대신 '아-멘'이라는 가사를 넣었다가, 1954년판에서 이를 다시 '만-세'로 바꾼다. 여기에 대해서는 전정임(1998), p.159를 참조.
179　《동아일보》 1968년 12월 14일자.
180　《동아일보》 1971년 6월 16일자.

가가 없다는 데서 벽에 부닥친다. 광복 30년이 넘도록 국가가 없다는 것은 어불성설"임을 전제하고 새로운 국가 제정을 역설했다. 그러면서 첫째, 새로 제정하든지 아니면 둘째 현행 안익태 애국가를 국가로 승격시키는 방안을 제시했다. 그런데 "애국가는 국내에 잘 보급되어 있고 이미 대외적으로 알려져 있는 잇점은 있으나 가사가 국가로서 미흡하고 적성 국가인 불가리아 민요곡을 닮았다는 설이 일부에 나돌고 있는 사실이 불유쾌한데다 서양적인 작곡이어서 차제에 우리스런 리듬 박자·음계·화성법에 입각한 우리 분위기가 있는 새 국가를 제정하는 것이 좋겠다."는 입장을 밝혔다.[181] 하지만 갑론을박 끝에 이 논의는 흐지부지 되어버렸다.

전두환 시절 안호상을 위원장으로 유진오, 백낙준, 이희승을 고문으로 하는 '국가 제정 위원회'는 이전의 개인적 의견 피력을 넘는 제법 모양을 갖춘 형태로 국가 제정의 필요성을 주창하고 나섰다. 먼저 이 단체는 애국가 가사가 "고종 때 국운이 완전히 기울어져 있을 무렵 만들어져 지나치게 감상적이고 의타적"이라 주장한다. 그리고 " • 우리나라 국토가 만주까지라는 것을 강조해야 하는 데도 '무궁화 3천리'라고 하여 영토를 한정시켜 일제의 반도 사관과 흡사하며 • '동해물과 백두산이 마르고 닳도록'이라고 하여 소멸적이며 하소연하는 의미를 나타내고 있고 • '하느님이 보우하사'라고 하여 의타적이고 • '남산 위의 저 소나무'라고 하여 세계로 뻗어 가는 오늘의 기상과는 거리가 멀다는 것. 또 곡도 • 겨레의 기백이 담겨져 있지 않고 • 고유의 리듬이나 장엄 활기찬 면이 없으며 • 불가리아 민요 〈오오 브란스키 크라이〉(승전

---

181 《동아일보》 1977년 1월 28일자.

축하곡)와 비슷한 (16소절 중 8소절이) 서양곡이고 • 당초 안익태 선생이 국가가 아닌 환상곡으로 작곡한 것이어서 부적합하다고 주장한다." 그래서 "자유, 평화, 화합, 단결, 개국, 이념 등을 나타낼 수 있는 국가의 제정이 필요"하다는 것이다.[182]

하지만 여기에 대한 반응, 특히 기독교계의 반응은 즉각적이고 날카로웠다. 한국 기독교 지도자 협의회라는 단체는 개신교계 지도자 10여 명이 배석한 가운데 기자 회견을 열고 "애국가는 지난 날 일제의 탄압과 공산주의자들과의 투쟁 속에서 우리 얼을 지키며 불러온 애환이 담겨있는 민족의 국가라고 지적하고 특히 전 국민의 화합과 단결이 요망되는 이때에 국가 제정이란 불필요한 문제를 야기케 하는 것은 반국가적 행위로 즉각 철회할 것을 촉구한다."고 주장했다.[183] 그 양상이 마치 안호상 류流 국수주의와 기독교 근본주의와의 충돌이라 해도 될 만했다. 아무튼 보수적 민족주의 성향의 국가 제정 운동은 그 뒤 별 확산되지 않았고 소멸되었다.

2000년 독일연방문서보관소 영상 자료실에서 에키타이 안 〈만주 환상곡〉 영상이 발견되고 이후 국내에 소개되기까지 안익태는 좌우를 막론하고 애국지사로서 그 예술혼과 민족혼은 실로 상찬의 대상이었다. 누구도 범접 못할 애국 '구루'였다. 하지만 영상의 출현과 연구 논문과 연구서가 등장하면서 그에 대한 도전은 이전과는 차원을 달리하게 된다. 안익태의 최강의 보호막, 곧 '애국'에 금이 가기 시작했고, 드디어

---

182 《동아일보》 1983년 4월 29일자.
183 《경향신문》 1983년 5월 3일자.

안익태 애국가 폐기론이 등장한다. 애국가 없는 안익태는 애국 없는 애국가 같은 것이다. 이미 제도이자 권력이 되어버린 안익태 애국가의 '정당성 흠결(legitimation deficit)'로 인한 최대 위기가 도래한 것이다. 친일 음악 연구에 평생을 바친 고故 노동은의 생각이다.

김현정 앵커 일제를 찬양한 곡에서 애국가를 따왔다, 그렇다면 지금이라도 애국가를 다시 만들어야 된다고 보시는 건가요?

노동은 네. 저는 애국가를 다시 만들고, 말하자면 우리 민족이 새롭게 표상하는 그러한 역사에 맞춰서 만들어져야지, 과거에 이렇게 여러 가지로 오염되고 잘못된 것들이 계속 불리는 것은 문제가 되겠죠.

김현정 앵커 그렇지만 〈애국가〉의 가사는 이미 1907년에 애국지사에 의해서 만들어진 거고 멜로디가 없어서 애국지사가 만든 가사를 〈올드 랭 사인〉에 대충 붙여서 부르던 것을 안익태가 멜로디만 붙인 것이다, 그래서 정통성이 나름대로 있다는 주장도 있거든요.

노동은 이 가사 자체는 정통성이 있을 뿐만 아니라 지금도 불러야겠죠. 그런데 이 가사는 1907년에 만들어진 게 아니고 이미 그 이전부터 독립 협회와 더불어 만민 공동회를 통해서 수많은 사람들이 이노래를 많은 사람들이 공동 창작으로 시대를 지나오면서 이 가사 붙여지고 저 가사가 붙여져서 오늘날의 애국가의 가사가 됐던 거예요.

김현정 앵커 그야말로 민중의 입에서 입으로요.

노동은 그렇습니다. 가사 자체는 정통성 있는 작품이죠. 제가 이야기하는 것은 정통성 있는 작품이 역사와 함께했었던 것은 〈올드 랭 사인〉에 붙여진 노래였지, 결코 안익태의 애국가가 해방될 때까지 우리의 노래가 아니었다는 이야기예요.

김현정 앵커 안익태의 멜로디가 들어갔다는 자체만으로도 정통성이 상당히 훼손되고 다른 멜로디를 갖다붙여야 한다, 이런 말씀이시죠?

노동은 그렇습니다.

김현정 앵커 어차피 통일되면 또 한 번 국가가 바뀔 가능성이 있기 때문에 바꾸더라도 통일 후에 바뀌어야 된다는 주장도 있던데요?

노동은 너무나 막연한 이야기죠. 통일과 더불어 지금 현재 나아가고 있는 우리 민족의 표상들을 지금 이 시점에서 다시 만들어야 한다는 이야기죠.[184]

---

184 CBS 〈김현정의 뉴스쇼〉, 2009년 11월10일자(09:25).

맺는 말

파리 해방 후 나치 부역자(collaborateur)들에 대한 숙청의 삼엄함은 익히 알려져 있다. 드골은 나치 독일의 점령을 정당화한 투항주의자, 히틀러의 괴뢰 정권인 비시 정권의 모든 공직자와 지원 세력, 나치 독일과 추축국의 승리를 위해 물심양면으로 협력한 자를 부역자라고 규정했다. 그저 단순 수치만 봐도 부역자 처단의 강도를 느낄 수 있다. 나치의 괴뢰 비시 정권의 페탕 원수에겐 사형이 선고된 뒤 무기징역으로 감형되었고, 비시 정부의 총리 라발은 사형선고 후 즉각 처형되었다. 사법적 숙청은 프랑스 임시 정부의 행정 명령(Ordonnance)에 따라 진행되었다. 이는 부역자 재판소(Cour de Justice), 비시 정부 수뇌부를 처벌한 최고 재판소(Haut cour de justice) 등에서 국가 반역죄, '적과의 내통죄', '국가 방위에 유해한 행위 죄' 등을 적용, 사형에 처하거나 징역형을 부과했다. 이들 재판소에서 그 혐의가 검토된 수가 35만 명에 달하며 이 중 재판에 회부된 자가 12만 명 이상이며, 이 중 3만 8천 명이 수감되고 약 1,500명이 처형되었다. 이 중 유죄 선고된 자가 9만 8천 명이다. 여기에는 이런 재판소가 설치되기 이전 약식 처형된 약 9천 명을 제외한 숫

자다. 공무원, 공기업 직원, 군인 중 약 4만2천 명이 숙청되었고 여성 부역자 2만 명이 공개 삭발 당했다. 그런데 프랑스에서 실제 가장 많은 부역자가 처벌된 곳은 위 최고 재판소나 부역자 재판소가 아니라 공민 재판부(chambres civiques)였다. 프랑스는 이들 부역자 또는 협력자를 '국민 부적격범'(indignité nationale)으로 선언하고 무기한 또는 5년 또는 그 이상 기간 '공민권 박탈(degradation nationale)'형을 부과했다. 즉 투표권 박탈, 피선거권 박탈, 공직 혹은 준 공직에서 배제, 군대 내 계급 박탈, 기업, 은행, 언론·방송, 모든 조합, 직업 단체, 법무직, 교육 등에서의 간부직 배제를 선고할 수 있었다. 공민권 박탈에 포함된 금지 조항은 최대 스물일곱 가지에 달했다. 당연히 체류 금지와 재산의 전부 또는 일부에 대해 몰수를 선언할 수 있으며 연금 지급도 중단할 수 있다. 총 49,829명이 공민 재판부에서 국민 부적격 선고를 받았는데, 자동적으로 여기에 포함되는 부역자 재판소의 유죄 판결자 48,607명을 합하면 총 98,436명이 국민 부적격자로 처벌 받은 셈이다. 여기에는 비시 정부 수반 페탕 원수도 포함되었다. 부역은 명백한 범죄였다. 그래서 육체적 생명을 박탈하거나 아니면 정치적·사회적 생명을 완전히 거세함으로써 공화국에서 영원한 국내 추방을 강제한 것이다.[185]

---

185 이상에 대해서는 이용우(2015), 『미완의 프랑스 과거사』, 서울: 푸른역사, 2015, p.190이하.

〈표: 인구 10만 명당 선고 형량의 각국 비교〉[186]

	실형 선고	징역 선고	공민권 박탈	처형
네덜란드	1,216	419	602	0.4
벨기에	963	596	265	2.9
룩셈부르크	784	–	–	2.8
노르웨이	–	633	–	0.8
덴마크	–	374	–	1.2
프랑스	309	94	119	1.9

　부역자 숙청은 비단 프랑스에 한정된 현상이 아니었다. 네덜란드, 벨기에, 노르웨이 등에서도 부역자를 숙청했는데 프랑스에 못지않았다. 처벌된 대상자도 인구 10만 명당 징역형을 선고한 숫자만 보면 프랑스가 94명인데 비해, 네덜란드 419명, 벨기에 596명, 노르웨이 633명, 덴마크 374명으로서 프랑스보다 오히려 더 많았다. 물론 여기에는 프랑스의 절반 정도가 비점령 상태였고, 특히 프랑스 레지스탕스 전투 과정에서 해방 전후 약 9천 명이 약식 처형된 것도 감안해야 할 것이다.[187] 이들 유럽 국가들의 나치 점령 기간이 '고작(?)' 4년인데 비해, 우리의 경우 을사늑약부터 치자면 사실상 40년으로 그 열 배의 강점기를 겪었는데도 부역자 숙청율은 사실상 제로에 가깝다. 다시 말해 부역자 숙청의 글로벌 스탠더드에서 보자면 한참 모자란다. 아니 사실상 부역자 처벌을 포기했다는 말이다. 이는 우리가 특별히 이민족 지배를 즐기고 좋아한다거나 유난히 자비로운 집단 심성을 가졌기 때문은 아닐 것이다.

186　이 표는 이용우(2008), 「독일강점기 베네룩스 3국의 대독 협력과 해방 후의 부역자 숙청」, 《국제 지역연구》 17권 1호, 2008년 봄호, p.132에서 인용.

187　이용우(2008), p.131.

프랑스의 부역자 숙청은 지식인에게 매우 가혹했다. 드골이 말했다. "언론인들은 도덕의 상징이다. 그러므로 지식인과 작가는 사과로는 안 되고 반드시 책임을 물려야 한다." 피에르 아술린의 책『지식인의 죄와 벌』에 달린 '글 쓰는 것과 말하는 것의 두려움'이라는 저 부제처럼[188] "수많은 사람들에게 잘못된 생각과 신념을 퍼뜨리는 일은 가장 무거운 책임이 따른다."는 말이다.[189]

하지만 숙청 과정에 다른 목소리가 없을 리 없다. 나치 점령기 카뮈와 더불어 레지스탕스 운동에 가담했고 노벨 문학상을 수상한 바 있는 모리악은 우파 신문 〈르 피가로〉지를 통해 "우리는 학살자와 희생자의 쳇바퀴라는 것보다 더 나은 것을 바란다. 그 어떤 대가를 치른다 해도, 제4공화국이 게슈타포의 장화를 신어서는 안 된다."고 주장하기도 했다.[190] 하지만 레지스탕스 작가로《투쟁》지를 통해 활동하던 카뮈는 신랄히 응수했다.

조국을 죽음으로 이끄는 두 개의 길이 있는데, 증오와 용서의 길이라는 것이다. 나는 증오에 대해서는 일말의 애착도 없다. 인간으로

188 피에르 아술린(2005),『지식인의 죄와 벌』, 서울:두레, 2005.

189 실제 1945년 5월 30일자 행정 명령 제 45-1089에 의해 '문인, 작사가, 작곡가 전국 숙청 위원회'와 '화가, 삽화가, 조각가, 판화가 전국 숙청 위원회'가 결성되었다. 이 위원회들은 "첫째, 적의 도발을 도왔거나, 둘째, 프랑스와 연합국의 전쟁 노력을 방해했거나 특히 밀고로 프랑스 국민의 저항 활동을 막았던 해당 분야 전문가들을 맡아 숙청한다."고 명시하고 있다. 아술린(2005), p.247. 하지만 부역 작가들에 대한 사법적 숙청과는 '직업 숙청'의 강도는 그렇게 높지 않았다. 위의 문인, 작곡가 등 숙청 위원회는 모두 172명의 작가, 작곡가를 심사해 90명에 대해 징계 결정을 내려 그 중 51명이 징계를 받았다. 51명 중 21명에게 가장 무거운 징계인 '2년 활동 금지령'이 내려졌다. 하지만 다른 직업군에 비해서는 매우 높은 징계율이었다. 이용우(2008a), 『프랑스의 과거사 청산』, 서울: 역사비평사, 2008, p.136.

190 아술린(2005), p.51.

서의 나는 반역자를 사랑할 줄 아는 모리악을 존경하지만, 시민으로서의 나는 모리악을 불쌍하게 여긴다. 왜냐하면 이러한 사랑은 우리에게 반역자와 졸개들의 나라를, 우리가 원하지 않는 사회를 안겨줄 것이기 때문이다. 이 점에서 나는 분명하게 말하고자 한다. 우리는 마지막 순간까지 정의를 좌절시키는 자비를 거절할 것이다.[191]

1944년 9월 9일자 좌파 레지스탕스계 《프랑스 문예》지는 또 이렇게 역설했다.

우리의 모든 과거의 불행은 반역을 처벌하지 못한 데서 온 것이다. 오늘 또다시 처벌하지 않는다면, 주모자들을 처단하지 못한다면, 커다란 위험이 닥칠 것이다. 어제의 죄를 처벌하지 않는 것은 곧 내일의 죄를 부추기는 것이다.[192]

전쟁은 끝났고 에키타이 안은 살아남았다.[193] 두루 아는 것처럼, 대한

191　아슐린(2005), p.16.

192　아슐린(2005), p.53

193　전시 재독 일본 음악인들 가운데 '일진'이라 할 고노에 히데마로는 1945년 4월 라이프치히에서 미군에 체포되어 억류되어 있다 그해 12월 미국을 거쳐 일본으로 귀국했다. 억류 기간 중 고노에는 미군정의 이른바 '탈나치화(Entnazifizierung) 심사'를 거쳤을 거로 보인다. 에키타이 안이 만약 프랑스에 잔류하다 레지스탕스에 체포되었더라면 그의 운명은 전혀 달랐을 수도 있다. 패전 독일에 있었다고 해도 마찬가지다. 프랑스 등과 비교해 그 정도는 물론 다르지만 패전 독일에서도 점령 군정에 의한 탈나치화는 광범위하게 진행되었다. 에키타이 안과 거의 동년배로서 같은 시간대에 활동한 두 명의 독일 음악가, 곧 헤르베르트 폰 카라얀과 그보다 20년 위인 빌헬름 푸르트벵글러 역시 이런 탈나치화 심사를 거쳐야만 했다.

카라얀은 나치 당원이었다. 아니 최소한 '단순 협력자(Mitläufer)'였다. 그는 나치 정권에 대한 '순응형 협력'의 경우다. 에키타이 안의 그것과 마찬가지로 그 역시 "정치적으로 흠결 없음"이라는 게슈타포의 직인이 찍힌 제국 음악원 회원증을 갖고 있었다. 하지만 그에 대한 탈나치화 심사는 별 다른 흔적도 없이 매우 간단하게 종결되었다. 하지만 소련 군정 측이 그에게 일시적인 활동

민국은 과거사 청산에 완벽히 실패한 나라다. 역사 정의는 여전히 미완의 프로젝트일 뿐이다. 지식인의 부역, 곧 '지식 범죄'는 어찌 보면 정치범이나 사상범으로 볼 수도 있을 것이다. 그럼에도 과도하다 싶을 정도로 이를 처단한 프랑스의 사례는 레지스탕스의 실력으로 외세의 개입, 즉 미군정 도입을 저지할 수 있었기에 가능한 것이었다. 프랑스 임시정부의 정통성을 다지기 위해서는 나치 부역자에 대한 프랑스 대중의 분노를 조직하고 또 일정하게 이를 충족시킬 필요도 있었다. 하지만 이런 정치적인 이유에서 뿐만 아니라, '지식 범죄'가 언제나 보편성을 가장하는 지라 그 영향력이 어지간한 전염병 못지않기 때문이기도 하다. 1940년대 후반 미·소 냉전이 격화되기 시작하면서 독일에서의 탈나치화는 현저하게 둔화되고 여기에 아데나워 정부의 반대도 한몫을 했다. 반면 상해 임정 자체를 인정하지 않았던 미군정과 친일파를 자신의 정

금지를 부과했다. (https://de.wikipedia.org/wiki/Herbert_von_Karajan)
나치 집권 이전부터 푸르트벵글러는 이미 독일 음악의 상징과도 같은 존재였다. 히틀러와 괴벨스는 이 거장의 협력을 끌어당기 위해 부단한 밀고 당기기를 집권 기간 내 거듭했다. 그가 나치 정권에 대해 일종의 '비순응형' 혹은 '전술적인' 협력을 제공한 것은 부인하기 어렵다. 이 다루기 힘든 거장에 대한 대안으로 당시 나치들은 카라얀을 지목하고 있었다. 그래서인지 푸르트벵글러는 카라얀을 몹시 경멸하고 경원시했다. 토마스 만과 같은 작가들을 비롯해서 그를 비판한 사람들의 핵심 논점은 그가 독일을 떠나지 않았다는 점이다. 그가 탈나치화 심사 법정에 출두해서 남긴 최후 진술은 이렇다. "나는 독일이 끔찍한 위기라는 것을 알았다. 나는 독일 음악에 책임을 느꼈다. 그래서 내가 할 수 있는 한 이 위기에서 살아남아야 하는 것이 나의 임무였다. 나의 예술이 선전 목적으로 오용되었다는 우려는 더 큰 우려 곧 독일 음악을 보존해야 한다는 것, 독일인 자신의 음악가들에 의해 그 음악을 독일인들에게 돌려줘야 한다는 것에 양보해야만 했다. 바흐, 베토벤, 모차르트와 슈베르트의 동포들인 이 독일인들은 총력전 망상에 사로잡힌 정권의 압제 하에서 계속 살아가야만 했다. 자신이 그런 나날을 이 땅에서 보내지 않았다면 그 누구도 그것이 도대체 어떤 것이었는지 판단할 수 없다. '히믈러Himmler의 독일'에서는 베토벤 연주가 허용되어서는 안 된다고 토마스 만은 진정으로 믿고 있는 것일까? 히믈러의 테러 하에서 살아가야만 하는 저 독일인보다 더 베토벤을 필요로 하고 그리고 그의 자유와 인간애의 메시지를 더 열망할 사람은 어디에도 없다는 점을 토마스 만은 깨닫지 못하고 있는 것은 아닐까? 나는 그들과 함께한 것을 후회하지 않는다."
(https://en.wikipedia.org/wiki/Wilhelm_Furtwängler) 푸르트벵글러는 이후 복권되어 베를린 필의 종신 상임 지휘자로 복귀했지만 1954년 사망한다. 그 뒤를 이은 이가 카라얀이다. 카라얀은 이후 35년 동안 이 자리에 있었다.

치적 기반으로 활용했던 이승만 정권으로서는 친일 청산은 스스로 정권의 기반을 흔드는 행위와 마찬가지였다. 한국전쟁으로 친일 청산이 아예 중단되기 전에 이미 반민특위는 망가져 있었다. 반민특위는 해체되고 '반민족 행위 처벌법'은 1951년 2월 14일 법률 제176호로 폐지되었다. 이 법은 오직 상상 속에서만, 상상의 법정에서만 유효하다. 그러면 역사 정의를 위한 상상의 법정이라는 '사고 실험'을 시도해 보자. 이 자체가 결코 잊지 않기 위한 '기억 투쟁'의 일환이다.

동법은 제1장 죄, 제2장 특별 조사 위원회, 제3장 특별 재판부, 그리고 부칙으로 이루어져 있었다. 제1장과 부칙을 인용한다.

반민족 행위 처벌법[시행 1948.9.22] [법률 제3호, 1948.9.22, 제정]

제1장 죄

제1조 일본 정부와 통모하여 한일합병에 적극 협력한 자, 한국의 주권을 침해하는 조약 또는 문서에 조인한 자와 모의한 자는 사형 또는 무기 징역에 처하고 그 재산과 유산의 전부 혹은 2분지 1이상을 몰수한다.

제2조 일본 정부로부터 작을 수한 자 또는 일본제국 의회의 의원이 되었던 자는 무기 또는 5년 이상의 징역에 처하고 그 재산과 유산의 전부 혹은 2분지 1이상을 몰수한다.

제3조 일본 치하 독립운동자나 그 가족을 악의로 살상, 박해한 자 또는 이를 지휘한 자는 사형, 무기 또는 5년 이상의 징역에 처하고 그 재산의 전부 혹은 일부를 몰수한다.

제4조 좌의 각호의 1에 해당하는 자는 10년 이하의 징역에 처하거나 15년 이하의 공민권을 정지하고 그 재산의 전부 혹은 일부를 몰수할 수 있다.

1. 습작한 자
2. 중추원 부의장, 고문 또는 참의 되었던 자
3. 칙임관 이상의 관리 되었던 자
4. 밀정 행위로 독립 운동을 방해한 자
5. 독립을 방해할 목적으로 단체를 조직했거나 그 단체의 수뇌 간부로 활동하였던 자
6. 군, 경찰의 관리로서 악질적인 행위로 민족에게 해를 가한 자
7. 비행기, 병기 또는 탄약 등 군수 공업을 책임 경영한 자
8. 도, 부의 자문 또는 결의 기관의 의원이 되었던 자로서 일정에 아부하여 그 반민족적 죄적이 현저한 자
9. 관공리 되었던 자로서 그 직위를 악용하여 민족에게 해를 가한 악질적 죄적이 현저한 자
10. 일본 국책을 추진시킬 목적으로 설립된 각 단체 본부의 수뇌 간부로서 악질적인 지도적 행동을 한 자
11. 종교, 사회, 문화, 경제 기타 각 부문에 있어서 민족적인 정신

과 신념을 배반하고 일본 침략주의와 그 시책을 수행하는데 협력하기 위하여 악질적인 반민족적 언론, 저작과 기타 방법으로써 지도한 자

12. 개인으로서 악질적인 행위로 일제에 아부하여 민족에게 해를 가한 자

제5조 일본 치하에 고등관 3등급 이상, 훈 5등 이상을 받은 관공리 또는 헌병, 헌병보, 고등 경찰의 직에 있던 자는 본법의 공소 시효 경과 전에는 공무원에 임명될 수 없다. 단, 기술관은 제외한다.

제6조 본법에 규정한 죄를 범한 자 개전의 정상이 현저한 자는 그 형을 경감 또는 면제할 수 있다.

제7조 타인을 모함할 목적 또는 범죄자를 옹호할 목적으로 본법에 규정한 범죄에 관하여 허위의 신고, 위증, 증거 인멸을 한 자 또는 범죄자에게 도피의 길을 협조한 자는 당해 내용에 해당한 범죄 규정으로 처벌한다.

제8조 본법에 규정한 죄를 범한 자로서 단체를 조직하는 자는 1년 이하의 징역에 처한다.

부칙 <법률 제3호, 1948.9.22>

제29조 본법에 규정한 범죄에 대한 공소시효는 본법 공포일로부터 기산하여 2년을 경과함으로써 완성된다. 단, 도피한 자나 본법이 사실상 시행되지 못한 지역에 거주하는 자 또는 거주하던 자에 대하여는 그 사유가 소멸된 때로부터 시효가 진행된다.

제30조 본법의 규정은 한일합병 전후부터 단기 4278년[194] 8월 15일 이전의 행위에 이를 적용한다.

제31조 본법에 규정한 범죄자로서 대한민국 헌법 공포일로부터 이후에 행한 그 재산의 매매, 양도, 증여 기타의 법률 행위는 일체 무효로 한다.

제32조 본법은 공포일로부터 시행한다.

　동법은 1910년 8월 전후부터 1945년 8월 15일 이전의 행위에 적용된다(제30조). 그리고 동법 제29조는 "단, 도피한 자나 본법이 사실상 시행되지 못한 지역에 거주하는 자 또는 거주하던 자에 대하여는 그 사유가 소멸된 때로부터 시효가 진행"됨을 명시하고 있다. 다시 말해 에키타이 안이 1944년 스페인으로 도피했다고 할 때 원래의 공소시효 2년

194　1945년을 말한다.

은 그의 귀국 등과 같이 그 사유가 소멸될 때까지 유효하다고 정하고 있다. 따라서 동법의 공소 시효는 에키타이 안의 스페인 도주로 인해 정지되는 것은 아니다.

살피건대 에키타이 안의 행위는 주되게 이 법률 제4조 제11호 "종교, 사회, 문화, 경제 기타 각 부문에 있어서 민족적인 정신과 신념을 배반하고 일본 침략주의와 그 시책을 수행하는데 협력하기 위하여 악질적인 반민족적 언론, 저작과 기타 방법으로써 지도한 자"에 해당되어, "10년 이하의 징역에 처하거나 15년 이하의 공민권을 정지하고 그 재산의 전부 혹은 일부를 몰수"할 수 있는 범죄 행위 여부인지가 핵심이다. 따라서 반민특위는 1938년 2월 20일 더블린 연주회에서부터 1944년 4월 21일 파리 연주회까지, 알려진 것만 총 32회의 연주회 각 개별 건을 조사해서 친일 부역 행위의 경중을 따져야 한다.

여기서 〈코리아 판타지〉 연주 5회를 제외하고 〈에텐라쿠〉 약 14회, 〈만주국〉 약 6회, 〈교쿠토〉 약 4회, 〈토아〉 약 1회 등 외에 별도의 밝혀지지 않은 부역 건수가 있는지 먼저 조사함이 마땅하다. 특히 프랑스의 경우 작가 등 지식인들이 나치 선전성의 행사 등에 참석한 것에도 반역죄를 물은 선례가 있다. 하지만 반민특위는 에키타이 안이 대한민국 임시 정부가 대일, 대추축국에 대해 선전 포고를 한 시점인 1941년 12월 10일 전후 베를린 소재 일제 괴뢰국 만주국 참사관 에하라 고이치의 사저에서 기거하기 시작했다는 점에 특별히 유의하기 바란다.[195] 에

---

195 1941년 12월 10일자 「대한민국 임시 정부 대일 선전 성명서」 제4항은 이렇다. "일본 세력 아래 조성된 장춘長春과 남경 정권南京政權을 절대로 승인하지 않는다." 바로 이 장춘에 수도를 둔 정부가 만주국이며, 남경 정권은 왕조명 정부를 말한다. 이 선전 포고의 국제법적 효력여부를 차치하고 문언대로만 본다면, 만주국은 의문의 여지없이 대한민국 임시 정부가 전쟁을 선언한 적

하라 고이치가 일제의 유럽첩보망의 독일 총책이라는 미 전략 첩보국(OSS)의 보고가 있는 만큼, 약 2년 반에 걸쳐 에키타이 안이 에하라의 사저에 기거했다는 점에 유의 그가 에하라의 '특별 정보원'이었다는 독일 학자가 제기한 의혹에 대해서도 남김없이 그 실체를 밝혀내야 한다. 2차 대전 기간 중 에키타이 안의 추축국 연주 투어가 대한민국 임시 정부가 선전 포고한 적국인 일제와 나치 독일을 이롭게 한 것인지 여부도 매우 중요한 핵심이다. 특히 1944년 파리 해방 직전 하필이면 나치 우호국인 스페인으로 도주한 이유가 무엇이며 그 조력자가 누구인지(제7조), 나아가 스페인에서 〈만주국〉 악보를 폐기한 것이 본 법 제7조에 규정한 "증거 인멸"에 해당되는지 여부도 밝혀내야 한다.

이러한 조사에 기초하여 특별 검찰은 에키타이 안을 특별 재판부에 기소할 것인지 여부를 판단해야 할 것이며, 이 과정에 특별 검찰은 그 형을 경감 또는 면제하기에 "개전의 정상이 현저"(제6조)한지 여부도 판단해 줄 것을 바란다. 안익태가 1950년대 들어와 1944년 스페인에서 들어낸 〈만주국〉의 선율을 다시금 〈코리아 판타지〉에 재활용한 것에 대해서는 유감스럽게도 반민특위는 공소권이 없다고 보는 것이 옳을 것이다.

'상상 법정'을 통해 우리의 참담함과 모멸감이 씻겨지는 것은 아니다. 일제로부터 해방된 이후 '탈식민적(post-colonial)' 집단 정체성의 형성이라는 여전히 미완의 과제를 안고 있는 우리로선 안익태 케이스

국이다. 김희곤(2004), 『대한민국임시정부 연구』, 서울:지식산업사, 2004, p.179이하.

는 심지어 모욕적이다. 민족 운동의 '심퍼사이저sympathizer'에서 출발, 일제 군국 파시즘과 히틀러 나치즘의 '프로파간디스트'로의 그의 번신翻身과 이후 이승만 권력에 대한 그의 굴신屈身은 국가國歌의 존엄을 스스로 부정한 것에 다름없다. 과연 안익태에게 '민족적인 것'은 소재素材 이상의 의미를 가졌던 것일까.

대한민국은 민주 공화국이다. '공화국 코리아'는 역사, 상징, 신화 등을 공유하는 민족개념에 바탕을 둔다. 여기서 국가國歌는 가장 중요한 상징체계 중 하나로서, 이는 민족을 유지하는 정서적 고리이자 그 집단 정체성을 확인, 공유, 재생산하는 핵심적인 제의祭儀적 절차다. 이를 통해 공동체에 소속된 시민들의 공화적 정체성과 집단 기억을 반추하고 학습하는 '시민 종교적'(루소) 과정이 개시된다. 이러한 제의적 과정은 민주적, 공화적 근본 가치를 더욱 공고히 하고 또 더 높은 수준으로 고양함에 있어 매우 중요한 모멘텀이다.

안익태 〈애국가〉의 치명적 흠결은 그 선율이나 그 가사에 있지 않다. 그것을 지은 사람에 있다. 본질적으로 그리고 정의상 모든 애국가는 하나의 양보할 수 없는 최소 요건을 요구한다. 특히 일반 대중의 눈높이에서 그것은 멜로디나 가사의 우월성이나 높은 미학적 수준에 있다기보다, 만든 이가 최소한 '애국적'이어야 한다는 말이다. 도덕적 무결점과 높은 학식 혹은 유명세 등은 부차적이다. 〈애국가〉를 통해 '애국'이라는 기본 가치를 설득하기 위해서는 그 무엇보다 자신이 애국적이어야 한다는 것은 일종의 정언 명법이다. 그러기에 '비애국적' 애국가는 그 자체로 하나의 형용 모순이다.

그러면 이제 어쩌면 좋은가. 지난 반세기가 넘는 〈애국가〉 논쟁사가 보여주듯 가장 중요한 출발점은 〈애국가〉는 국가가 아니라는 데 있다. '다행히' 안익태 〈애국가〉는 사실상(de facto)의 국가이지, 법적(de jure) 국가는 아니다. 일종의 관습법상의 국가 대용이다.[196]

그래서 첫 번째 대안은 '모른 체하기'다. 혹은 악의적 방치(malign neglect)라 불러도 좋겠다. 이미 수십 년 그렇게 사용해 왔는데 어떤 새로운 사실 혹은 더 나아가 설사 진실이 밝혀진다손 해도 그냥 모른 체하면 된다. 사회적, 정치적 비용도 가장 싸게 먹힌다. 그래서 가장 경제적인 대안이다. 국가 상징을 관리해야 하는 정부로서도 그저 '일각에서 그런 이야기가 있는 것으로 알고 있다.' 정도로 치부하면 손쉽다.

두 번째 대안은 '좀 문제가 있는데 통일될 때까지 그냥 사용하자.'는 거다. 혹은 선의적 방치(benign neglect)라고 해도 되겠다. 실무적으로 전 세계가 다 우리 국가로 알고 있는 데다, 나중에 통일되면 어차피 바꿔야 하니 이대로 좀 참고 가자. 더군다나 〈애국가〉 문제가 불거지면 틀림없이 보수-진보로 나눠 싸울 것이 자명하니 사회 통합 차원에서도 그다지 바람직하지 않다는 말이다.

세 번째로 생각해 볼 대안은 기존 〈애국가〉는 그냥 사용하되 제2의 애국가를 만들어 불러 보는 방안이다. 다시 말하지만 〈애국가〉는 국가가 아니므로 다수로 존재해도 아무 문제는 없다. 또 이런 방안이 전혀

---

196 현행 애국가에 관한 규정은 대통령 훈령 제368호 〈국민의례 규정〉에 의거한다. 그 제4조 2호 2항에서 " 애국가 제창: 1절부터 4절까지 모두 제창하거나 1절만 제창"을 정하고 있고 제6조는 "(애국가 제창) 애국가는 선 자세로 힘차게 제창하되, 곡조를 변경하여서는 아니 된다"고 정해 놓고 있다. 대통령 훈령은 법률이 아니라 행정 기관이나 공무원이 내부적으로 준행해야할 행정 규칙 중 하나이다.

다른 맥락이지만 과거에 정부 차원에서 검토된 적도 있다.[197] 행사 유형별이나 의전 성격에 맞추어 각각 적합하게 운용해 갈 수도 있는 것이다. 예를 들어 광복절이나 3·1절과 같은 성격의 행사엔 아무래도 안익태 〈애국가〉의 적절성에 부담이 있다는 합의가 이루어진다면 다른 곡을 선택한다든지 하는 식으로 말이다.

네 번째는 사안의 공론화를 통해 '국가國歌제정 위원회'를 시민 사회와 협동해서 구성, 널리 가사와 곡을 시민에게 묻는 것이다. 공모형 국가를 만드는 방식이다. 이미 해방 직후에도 시도되었고, 1960년대에도 가장 다수안 중 하나였다. 1980년대에는 우리 사회 가장 보수적인 측에서 들고 나온 방식이기도 하다. 어찌 보면 가장 솔직하고 또 역사 정의에 가장 부합되는 방안이다.

선택은 결국 우리의 몫이다.

---

197 "정부에서 현행 〈애국가〉를 바꿀 계획이라는 최근의 일부 언론 보도가 있어 이에 대한 정부의 명확한 입장을 밝히고자 한다.(…) 범국민적 축제나 월드컵 대회 등 대형 스포츠 행사 등에 있어 모든 국민이 한 마음이 되어 단합된 모습을 보여주고 일체감을 조성하기 위하여 〈애국가〉와는 별도로 부르기 쉽고 활기찬 국민 응원가나 축가 등을 제정하는 방안을 검토 중에 있음을 밝혀 둔다." (《문화일보》 1997년 5월 9일자)

참고문헌

사진 및 도판 출전

참고문헌

《대한민국외교사료해제집(1957)》
(http://diplomaticarchives.mofa.go.kr/dev/appendix.go)
CBS 〈김현정의 뉴스쇼〉, 2009년 11월10일자(09:25).
姜世馨(1941), 〈朝鮮文化와 獨逸文化의 交流〉, 《삼천리》 제13권 제6호
(1941년 06월).
공진성(2013), 「루소 스피노자 그리고 시민종교의 문제」, 《정치사상연구》 제19집 1호, 2013 봄 호.
국회사무처(1949), 〈국회속기록 제1회 제61호〉, 1949년 9월 9일.
김교만(1994), 「북한의 애국가는 어떻게 만들어 졌나」, 《역사비평》
1994년 여름호.
김병룡(1962), 〈진지한 예술적 표현〉, 《경향신문》 1962년 1월 20일자.
김재용 외(2004), 『재일본 및 재만주 친일문학의 논리』, 서울: 역락,
2004.
김창걸(2002), 「절필사」, 연변대학 조선언어문학연구소 편, 『중국조선민족문학대계 (제11권) 소설집 김창걸 등』, 흑룡강성 조선민족출판사, 2002.
김희곤(2004), 『대한민국임시정부 연구』, 서울: 지식산업사, 2004.
노동은(1994), 「애국가 가사는 언제, 누가 만들었나」, 《역사비평》 1994
년 여름호.
노동은(2010), 「만주음악연구1 - 만주국의 음악정책과 조선음악인들」,

동국대학교 문화학술원 한국문학연구소 편, 『제국의 지리학, 만주라는 경계』, 서울: 동국대학교 출판부, 2010.

노동은(2017), 『친일음악론』, 서울: 민속원, 2017.

박계주(2002), 「'처녀지' 후기」, 연변대학 조선언어문학연구소 편, 『중국 조선민족문학대계 II 소설집』, 흑룡강 조선민족출판사, 2002.

박영근(1946), 「악단시평」, 《인민》 신년호, 제1권 제2호, 1946.

박영근(1947), 「음악계」, 《1947년판 예술연감》, 예술문화사 1947.

박영근(1946), 「음악개관」 (민주주의민족전선, 《조선해방연보》, 문우인서관, 1946).

박영준(1941), 「密林의 女人」, 연변대학 조선문학연구소 편(2009), 『20세기 중국조선족 문학사료전집 제11집 박영준 소설』, 연길: 연변인민출판사, 2009.

박영준(1974), 「밀림의 여인」, 『만우 박영준 전집6』, 도서출판 동연: 서울, 2002.

박용구(1948), 「해방후의 음악계 3년」, 《민성》 4-7,8호, 고려문화사, 1948.

박은용(1948), 「애국가고」, 《동아일보》1948년 10월 6일-8일.

裵雲成 金載元 鄭寅燮 金東煥, 崔貞熙, 朴啓周 (1940), 「伯林, 巴里, 白耳義의 戰火 속에서 최근 귀국한 兩氏의 報告記」, 《삼천리》 제12권 제10호 1940년 12월 01일.

베로니카 베치(2001), 『음악과 권력』, 서울: 컬처북스, 2001.

송병욱(2006), 「안익태의 알려지지 않은 두 작품」, 《월간 객석》 2006년 3월호.

송병욱(2008), 「더블린 초연 현장을 말한다」, 《월간 객석》, 2008년 2월호.

야마무로 신이치(2009), 『키메라, 만주국의 초상』, 서울: 소명출판사, 2009.

연변대학교 조선문학연구소(2013), 『20세기 중국조선족 문학사료전집 11 (박영준소설)』, 박이정, 2013.

윤휘탁(2013), 『만주국: 식민지적 상상이 잉태한 '복합민족국가'』, 서울: 혜안, 2013.

이경분(2007), 『잃어버린 시간 1938-1944』, 서울: 휴머니스트, 2007.

이상경(2006), 「《조선출판경찰월보》에 나타난 문학작품 검열양상 연구」, https://www.kci.go.kr/kciportal/ci/.../ciSereArtiOrteServHistIFrame.kci?...artiId...

이상경(2004), 「'야만'적 저항과 '문명'적 협력. 박영준 「밀림의 여인」의 친일논리」, 김재용 외(2004) 소수.

이용우(2008), 「독일강점기 베네룩스 3국의 대독 협력과 해방 후의 부역자 숙청」, 《국제 지역연구》 17권 1호, 2008년 봄호,

이용우(2008a), 『프랑스의 과거사 청산』, 서울: 역사비평사, 2008.

이용우(2015), 『미완의 프랑스 과거사』, 서울: 푸른역사, 2015

전정임(1998), 『안익태』, 서울: 시공사, 1998.

진환주(2011), 「안익태의 음악세계에 대한 연구」, 《국악교육》 제31집, 2011,

피에르 부르디외, 「마네 작품에서 드러난 사회적 아비투스」, 《르몽드 디플로마티크》 62호, (2013년 11월 8일) http://blog.daum.net/_blog/BlogTypeView.do?blogid=0qBji&articleno=852&categoryId=28&re

gdt=20131108110400

피에르 아술린(2005), 『지식인의 죄와 벌』, 서울: 두레, 2005

허영한(2009), 「〈한국환상곡〉의 여행:1937년 미국에서 1946년 스페인으로」, 《계간 낭만음악》 제21권 제3호 (통권 83호), 2009년 여름호

호사카 마사야스(2016), 『쇼와육군』, 서울: 글항아리, 2016.

《The Irish Times》, Tuesday, 15 Februry 1938 (국문본: 「조선지휘자의 방문, 아일랜드에 대한 몇 인상」이 책의 〈부록 1〉)

Bieber, Hans-Joachim (2014), *SS und Samurai, Deutsch-Japanische Kulturbeziehungen* 1933-1945, Freiburg 2014.

Büning, Eleonore (2014), *Was füer ein begabter Kegelbrüder!* http://www.faz.net/aktuell/feuilleton/buehne-und-konzert/zum-150-geburtstag-von-richard-strauss-12982375-p2.html

Bourdieu, Pierre (2013), *Manet, Une Révolution symbolique*, Paris: Raison d'agir/Seuil, 2013.

Gardiner, John Eliot (2014), *Beethoven's Symphony No 5, introduced by Sir John Eliot Gardiner, Gramophone*, Mon. 13th October 2014. https://www.gramophone.co.uk/feature/beethovens-symphony-no-5-introduced-by-sir-john-eliot-gardiner

Grüttner, Michael (2015), *Brandstifter und Biedermänner. Deutschland 1933-1939*, Stuttgart 2015.

Haasch, Guenter (Hrsg.)(1996), *Die Deutsch-Japanischen Gesellschaften von 1888 bis 1996*, Berlin 1996.

Hoffmann, Frank(2015), *The Berlin Koreans, 1909 – 1940s*, in Frank Hoffmann, Berlin Koreans and Pictured Koreans, Wien 2015.

Urach, Albrecht Fürst von(1942), Das Geheimnis Japanischer Kraft, Berlin: Zentralverlag der NSDAP 1942.

江原綱一,「リヒアルト・シュトラウス翁の想い出」,《レコード音楽》第20巻11号 (1950年 11月), pp. 31~35 (국문본: 에하라 고이치,「리하르트 슈트라우스 옹(翁)과의 추억」이 책의 〈부록 2〉)

江原綱一,「随筆 安益泰君の片貌」,《レコード芸術》, 第1巻3号 (1952年 5月), pp. 56~57) (국문본: 에하라 고이치, 〈안익태군의 편모〉 이 책의 〈부록 3〉)

 –《音樂之友》, 第2巻 12号 (1942年 12月).

德永康元(2004),《ブダペスト日記》, 東京: 新宿書房, 2004.

〈에키타이 안 아카이브〉(https://cafe.naver.com/ekitaiahn) *베를린 독일연방문서보관소(Bundesarchiv) 소장 에키타이 안 파일 (분류번호 R64 IV)중 필자가 복사한 자료 모두는 이 네이버 카페에서 찾아 볼 수 있다.

《국사편찬위원회 한국사 데이터베이스》(http://db.history.go.kr/)

《국가기록원 조선총독부 기록물》(http://theme.archives.go.kr/next/government/viewMain.do)

《동아일보》

《경향신문》

《중앙신문》

《신한민보》

《자유신문》

《한겨레신문》

등

Youtube, https://www.youtube.com/ (에키타이 안 관련 영상 자료들)

Wikipeida, https://en.wikipedia.org/wiki/Main_Page

「안익태 프란체스카 박근혜의 청와대 파일 "박정희는 프란체스카 여사에게 승용차와 하사금을 줬다"」,《신동아》2002년 2월호) http://www.donga.com/docs/magazine/new_donga/200202/nd2002020125.htm

사진 및 도판 출전

19p. 국사편찬위원회 데이터베이스

20p. 국사편찬위원회 데이터베이스

24p. 국사편찬위원회 데이터베이스

26p. 국사편찬위원회 데이터베이스

27p. 국사편찬위원회 데이터베이스

28p. 인터넷 조회(https://www.dublinbus.ie)

38p. 국사편찬위원회 데이터베이스

39p. 국사편찬위원회 데이터베이스

42p. 구글 지도 검색

45p. 위키피디어 검색

47p. Frank Hoffmann 저서에서 캡처(koreanstudies.com/img/Berlin-Korens.pdf

50p. Frank Hoffmann 저서에서 캡처(koreanstudies.com/img/Berlin-Korens.pdf

52p. 인터넷 프랑스 신문 검색 캡처

57p. 인터넷 검색 후 캡처

63p. 베를린연방문서보관소 데이터베이스

67p. 네이버 옛날신문에서 검색 후 캡처

68p. 베를린연방문서보관소 데이터베이스

69p. 베를린연방문서보관소 데이터베이스

72p. 베를린연방문서보관소 데이터베이스

73p. 베를린연방문서보관소 데이터베이스

74p. 베를린연방문서보관소 데이터베이스

75p. 베를린연방문서보관소 데이터베이스

80p. 이경분 지음『잃어버린 시간 1938~1944』(휴머니스트, 2007) 111쪽 캡처

99p. 베를린연방문서보관소 데이터베이스 영상 촬영

105p. 유튜브youtube 화면 캡처

106p. 유튜브youtube 화면 캡처

111p. 인터넷 검색126p. 인터넷 검색 후 캡처

137p. 국사편찬위원회 데이터베이스

139p. 국사편찬위원회 데이터베이스

158p. 인터넷 검색

160p. 국사편찬위원회 데이터베이스

167p. 인터넷 검색

170p. 인터넷 검색

부록

부록1: 「조선지휘자의 방문, 아일랜드에 대한 몇 인상」

(출처:《The Irish Times Tuesday》15 February 1938)

오는 일요일 저녁 2RN 라디오 오케스트라는 게이어티 극장에서 흥미로운 심포니 오케스트라 연주회를 개최할 예정이다. 이 자리에는 연주회를 위해 뉴욕에서 방문한 젊은 조선인 음악가 안익태Eak Tai Ahn가 지휘대에 오른다.

어제 오전 더블린 방송 스튜디오에서 있었던 인터뷰 과정에서 안 씨는 어릴 적 음악 공부에 대해 이야기했다. 약 20년 전 그의 나이 8살 때 그가 태어난 조선에서 처음 바이올린 공부를 시작했는데, 그때만 해도 조선에는 서양 악기를 배우는 것은 극소수 학생들뿐이었다. 그는 바이올린 연주자인 미국 선교사로부터 첫 레슨을 받았다. 1~2년 후 그는 동경음악원에서 공부하기 위해 떠났는데 여기에는 독일 교사로부터 1~2백 명의 학생들이 배우고 있었다. 여기에서 학업을 계속했지만 첼로로 옮겨가서 이 악기에 대한 특출한 능력으로 1930년 도미하게 된다. 그는 신시내티 음악원을 졸업했는데, 골도프스키Goldowskty, 리즈노프스키Liznowsky 외 다른 첼로 거장들을 사사했다. 그를 미국 청중들에게 솔로 첼리스트로 소개하는 데 중요한 역할을 한 이가 유진 구센스Eugene Goosens였다. 이후 그는 신시내티 교향악단에서 솔로이스트로 두각을 나타냈고 시카고, 필라델피아 그리고 마지막엔 뉴욕의 카네기 홀에서도 연주를 했다.

그를 소개한 미국 음악 무대의 명성을 안고 안 씨는 유럽 대륙을 방문했고 빈에서 공부했다. 그때가 1935년이었는데, 잘 알려진 펠릭스 바인가르트너Felix Weingartner의 지원과 영향 하에서 그는 그 밑에서 지휘를 공부했다. 마찬가지 그 자신의 능력을 인정받음으로써 안 씨는 많은 공연 약속을 받았는데 첫째는 첼리스트로서, 그 다음은 지휘자로서였다. 그의 첫 번째 두드러진 커미션은 부다페스트 교향악단에서 협주곡을 지휘하는 것이었다.

그의 원래 의도는 자신이 태어난 조선으로 돌아가 교향악단을 결성하는 것이었는데, 전쟁이 일어나는 바람에 미국으로 돌아갔고 그래서 지금 다음 일요일 연주를 위해 여기에 오게 된 것이다.

안 씨는 조선 음악에 대한 많은 흥미로운 것들에 대해 말해 주었다. 그는 스물여덟 살의 나이에 비해 놀라울 정도로 소년 같은 외모에다 영어를 자유자재로 구사했다. 자신이 말하기를 도처에서 영어를 배웠고 그의 모든 삶과 열정으로 그랬다는 것이다. 그와 그리고 2천 만 조선사람에게 음악이란 하늘이 내린 선물이다. 음악은 2천 년 훨씬 전에 이들의 첫 번째 황제와 더불어 직접 하늘에서 내려온 것이다. 그것은 세월이 흐르는 동안에도 노래와 기악곡의 형태로 충실히 보존되어 왔다. 비록 조선 음악에 대한 기록된 문헌은 없지만, 세대와 세대를 걸쳐 내려온 헤아릴 수 없는 정도의 민속 음악이 남아 있으며, 여기에는 장례, 혼인, 춤,

행진곡 그리고 다른 행사를 위한 곡들이 포함되어 있다. 안 씨 자신도 조선과 헝가리 민속 음악 사이에 강한 유사성을 알고 있다. 서양 음악처럼 조선 음악에도 정해진 음높이가 없다. 중국처럼 조선 음악의 옥타브도 스물세 개 혹은 스물네 개의 음계로 분할된다. 서양과는 구분되는 서로 다른 종류의 마흔일곱 개의 악기로 구성되는 악단이 있다.

안 씨 자신이 어떤 진지한 작품을 출판한 첫 번째 작곡가다. 5년 전 그가 공부하던 시절에 알게 된 흥미로운 것으로 조선 사람들이 자신들의 국가를 〈올드 랭 사인〉 노래에 맞춰 부른다는 것이다. 물론 조선어로 말이다. 어째서 그런지 물어보자 이미 수백 년 전부터 그랬다는 것인데 그가 생각하기에 이 곡조가 마르코 폴로 아니면 초기 선교사들이 조선에 가지고 온 것이 아닐까 싶다는 것이다. 그 자신이 새로운 애국가 노래를 작곡했다. 여러 다른 작품들 가운데 대형 오케스트라를 위한 환상곡이 다음 일요일 아일랜드 라디오 오케스트라에 의해 연주될 것이다. 일본이 금지시켰기 때문에 조선에서는 연주될 수가 없다.

안 씨는 아일랜드에 4~5일 머물렀고, 카운티 위클로County Wicklow 같은 아름다운 곳을 방문했다. 그는 풍광에 열광했다. 이 풍광은 자신의 모국과 매우 비슷하다고 생각했는데 그가 더욱 깊은 인상을 받았던 것은 그가 얘기를 나눴던 시골 사람과 자기 나라 사람 사이의 말하자면 유사함이었다.

많은 조선인들 혹은 그들의 대다수가 지난 시절 아일랜드가 자유를 위해 투쟁해온 점에 감명을 받을 것이라고 그는 설명했는데 바로 그렇기 때문에 그는 양국 사이의 유사함을 보고 싶어 한다는 느낌이 들었다. 백합의 나라가 아일랜드에 대한 그들의 명칭이다. 조선인 자신들도 금세기

초 러일 전쟁 이후 국권을 상실하고 일본 지배 하에 놓이게 된다. 그러나 독립을 회복하기 위해 노력하는 강력한 민족주의 의견이 존재하는 데, 2천년 동안 나라를 통치해 온 황제의 직계손인 프린스 리Prince Li가 그 지도자다. 이 민족주의자 다수는 정치범으로 수감되어 있고 이 나라는 자신들의 자유를 회복시켜 줄 동방에서의 사태 진전을 기다리고 있다.

안 씨는 말하길 우리는 누구와도 싸우길 원치 않는 평화 애호적인 사람들이다 하지만 자신들을 괴롭히는 이웃의 방해 없이 자신들의 삶을 영위할 수 있도록 그냥 내버려 두기만을 바랄 뿐이다. 우리나라는 자주적이며, 농업 국가이고 산물은 넘쳐 난다. 또 금광도 탄광도 또 다른 광물도 있다. 대체로 우리나라 사람은 쌀만 먹는 것은 아니다. 나는 특히 아일랜드 스튜와 같은 음식이 우리 조선인들의 것과 비슷하다는 걸 알고 흥미로웠다.

그는 "나는 특히 아일랜드에 관심이 많다. 왜냐하면 조선이 지금 일본 치하에서 겪고 있는 그런 똑같이 비극적인 정치적 조건을 당신네 나라들이 견뎌왔는 점이 특히 관심이 간다. 우리 2천만 동포들이 일본 치하에 있지만 독립을 위한 정치 투쟁이 매일 일어나고 있고, 모든 조선인들이 가장 열망하듯이 나 역시 나의 조국이 곧 지금의 당신네 나라처럼 독립국이 될 것을 바라고 있다."라는 말로 마무리했다.

부록2: 에하라 고이치, 「리하르트 슈트라우스 옹翁과의 추억」

(출처: 江原綱一, 「リヒアルト·シュトラウス翁の想い出」, 《レコード音楽》第 20巻11号 (1950年 11月), pp. 31~35)

6척이 넘는 키, 살집이 좋은 거구에, 백발이 무성한 동안에다, 전체적인 선은 두껍지만 부드럽고, 장년기 사진에서 볼 수 있는 날카로움은 보이지 않으며, 조용해 보이는 움직임과 낮은 목소리는 온화하다. 이것이 만년의 옹의 풍모였다.

내가 처음 옹의 작품을 접한 것은 다이쇼 (1912-1926) 7, 8년경으로, 〈살로메 댄스〉, 〈죽음과 정화〉, 〈틸 오이겐슈피겔〉 등을 듣고―물론 레코드 음반을 통해서였지만―그 참신하고, 종횡으로 누비는 작풍과 화려한 음색에 반하고 말았다. 당시 독일에서 미국을 돌아 귀국한 야마다 코오사쿠山田耕筰 씨로부터 옹의 이야기를 듣고서 나는 옹의 예술에 대해 깊은 경의를 지니고 있었다. 그러나 음악에 관해서는 단순한 애호가에 불과해, 소위 문외한인 내가, 뒷날 옹의 인정을 받은 것이 나의 7년 간의 유럽생활 중 잊을 수 없는 추억의 하나가 될 것이라곤 꿈에도 생각지 못했다.

친아들보다 나이차가 많은 아득한 타향의 나그네, 게다가 직접적으로 음악과는 관계가 없는 나와 이 거장을 맺어 준 것이 무엇인지 여전히 잘 모른다. 아마 옹의 동심과 여기에 감응한 나의 영혼이 부지불식간에 서로를 끌어당겼을지도 모르겠다. 그러나 옹과 만나게 된 그 인연은 친구 안익태 군이 만들어 낸 것이다. 안 군은 국립음악학교를 졸업하고 미국 필라델피아 필하모니의 콩쿠르에 입선 유럽 유학의 기회를 얻어, 당시 아직 빈에 살던 펠릭스 바인가르트너F. Weingartner와 부다페스트의 졸탄 코다이에게 지휘와 작곡을 배웠지만, 내가 그를 알게 되면서부터는 옹에게 가르침을 청하고 있었다. 안 군은 또한 나의 동생과 같은 시기 국립음악원을 졸업한 사람이라, 나는 그를 동생처럼 생각하며 가깝게 지냈다. 이러한 이유로 내가 빈을 여행할 기회를 이용해 옹을 식사에 초대했다. 옹은 흔쾌히 이를 받아들였고, 부인을 동반하고 시내 일류 레스토랑 드라이 후사렌Drei Husaren[198]의 별실에서 그를 만났다. 변변찮은 모임이었지만 오히려 분위기는 격의가 없었다. 부인은 스위스 태생으로 그녀의 부친은 군인이었다. 상당한 수완가로 생각한 건 서슴지 않고 말하고 해치워버리는 성격이었다.

"베를린은 최근 간간이 공습이 있는데, 어떻게 그곳에 살고 있는지요." 부인은 나를 향해 이런 분위기로 말을 걸었다. 그녀의 말투는 아름답고, 예의 바랐다. "베를린도 상당히 좋은 곳입니다. 공습은 이렇다 할 정도로 특별하진 않습니다."라고 답하자, "저는 영국인은 신사적이어서 매우 좋아합니다. 프랑스인은 세련되어 가깝게 지내기 좋죠."라며 내 얼굴을 보고 갑자기 무언가를 떠올렸는지, "맞아요, 일본인은 예의 바르고"라고 덧붙이며, "그러나, 독일인은 매우 싫어합니다. 특히, 베를린 사

---

198 1930년 개업한 빈의 고급 레스토랑으로 현재도 영업 중이다.

람이라면…." 그녀의 말에는 조금의 거리낌도 없었다.

그녀의 베를린 기피는 꽤 유명하다. 옹이 베를린에 여행한다고 하면, 부인은 결코 함께하지 않는다. 이야기가 공습에서 전쟁 이야기로 이어지자, 옹은 "전쟁은 하루라도 빨리 막아야만 합니다. 아시아에서도 전쟁을 하고 있는 듯한데, 전쟁은 백해하고, 어떠한 이익도 없을뿐더러 인간의 부끄러움이며, 타락이고 파괴일 뿐입니다. 저는 얼마나 많은 인간이 서로 죽이지 않으면 안 되는지를 모르겠소. 전쟁만은 즉각 멈추게 해야만 합니다!"라며 꽤나 흥분하며 목소리를 높였다. 그의 말에는 일반적인 예술가를 뛰어넘는 그런 열정이 담겨 있었다.

물론 이전에도 다른 곳에서 옹의 모습을 본적이 몇 번 있었다. 한 번은 그가 선전성 장관 괴벨스가 주재한 차 마시는 자리에 부인과 동반한 자리에서였다. 그 자리에서 괴벨스와 이태리 대사가 유태인 문제에 대한 토론을 하고 있었는데, 둘의 논전이 흥미로워 나는 이들 사이에 끼어 엿듣고 있었는데, 그 사이 옹은 아무도 모르게 황급히 떠났다. 옆 자리의 자이델 박사와 함께 나는 옹을 찾았지만 찾을 수가 없었다.

옹의 지휘를 처음 들은 건 1939년 4월 베를린의 국립 가극장에서였다. 파리 오페라 좌의 유명 가수 제르멘 뤼방Germaine Lubin(1890-1979)이 '아드리아네'를 비롯하여 '아라벨라'의 주역을 맡게 되어 수 년 만에 옹 자신이 지휘대에 섰다. 이틀 밤 모두 대성공이었던 건 굳이 말할 필요가 없었다. 우레와 같은 박수에 옹과 뤼벵을 비롯해 총감독 티에첸[199]

---

199 Heinz Tietjen(1881~1967) 나치 독일의 베를린 국립 오페라 총감독. 히틀러를 비롯해 괴링과도 친분이 있었다.

은 몇 번이고 다시 무대 위로 올라가야 했다.

베를린의 국립 가극장에서는 그 후 매 시즌 마지막에는 항상 슈트라우스 주간을 개최했다. 덕분에 나는 독일에 체류하는 동안 베를린에서 옹이 만든 가극의 대부분 감상할 수 있었다. 그 외에 빈, 뮌헨, 잘츠부르크 등에서 들었던 것을 합치면 옹 작품의 거의 전부를 접할 수 있었다고 할 수 있다.

1943년 6월에는 베를린에서 옹의 초기 작품 '군트람'을 상연하게 되었다. 이 가극은 어떠한 사정 때문인지, 초연 이후 무대에 올리는 것을 옹이 원치 않았는데, 가르미슈의 옹 별장에는 '군트람'의 묘비가 있는 인연도 있었기 때문이라는 이야기가 있었다. 따라서 이번 공연이 초연 이래 몇 십 년 만의 무대이기에, 가극동호인들 사이에는 즉각 센세이션을 불러일으켰다. 옹도 특별히 본인 자신이 연습과 예행연습까지 참가했다. 그 때 나는 이미 옹과 가까워져 있었던 터라, 사전에 베를린 나의 집에 머물기로 약속이 되어 있었기 때문에 옹은 수행원을 데리고 그루네발트[200]의 나의 집에 약 열흘간 유숙했다. 이러한 연유에서 나는 옹에게 초대받아 함께 예행연습을 비롯해 공연에 참석하였다.

당시 주연은 테너의 프란츠 횔커Franz Voelker와 소프라노의 힐데 쉐판Hilde Scheppan(1907~1970)이었다. 쉐판은 당시 궁정 가수 작위 (Kammersaengerin)를 아직 받지 못했지만, 특별히 발탁되어 주연을 맡게 되었다. 그 데뷔는 매우 훌륭했기에 옹도 만족하고, 그녀를 발탁한 티에첸 총감독도 득의만면했다.

---

200 각주 56 참조.

그 체류 기간 중, 옹은 79세 생일(6월 11일)을 맞았다. 옹이 나의 집에 머물고 있는 것은 극소수의 사람밖에 모르고 있었지만, 그 날은 아침부터 많은 꽃들이 배달되어 나의 집은 현관부터 거실, 식당, 침실까지 온통 화려한 꽃으로 묻혀버리고 말았다. 평소에는 옹이 별로 좋아하지 않았기에 방문객을 돌려보내곤 했었지만, 이날은 특별한 기회라 베를린에 있는 음악 관계자 십여 명을 초대하여 작은 파티를 열었다. 참석자 중에는 티에첸 총감독, 선전성의 드레베스 음악 국장[201] 등도 있었다.

그 직전에는 이태리 '스칼라 좌' 여가수의 초청 공연이 국립 가극장에서 열려 '살로메'가 상연되었다. 국립 가극장의 건물은 당시 공습 때문에 타버려 수리 중이었기에, '군트람'의 경우와 마찬가지로 티어가르텐의 크롤오퍼Krolloper로 임시 이전하여 상연되었다. 나는 그때까지 빈 또는 다른 곳에서 여러 차례 〈살로메〉를 들었지만, 사전 평가도 대단했고 처음에 이 이태리 여배우의 연기가 살로메의 이국적인 기분에 딱 들어맞는 것처럼 느껴졌기 때문에, 공연 중 세 번이나 이것을 들으러 갔다. 그런데 이상하게도 회를 거듭할수록 내 감흥은 희미해져만 갔다. 생일 파티 석상에서 내가 그런 말을 내뱉자, 옹은 "이태리 사람에게 내 가극을 부르게 하는 건 무립니다. 독일 사람 만큼 음역이 넓지 않기 때문입니다. 음역대에 있어서만큼은 러시아 사람입니다. 러시아 사람에게는 독일 사람도 어쩔 도리가 없습니다. 이상하게도 추운 나라의 음역대는 광대합니다. 그러나 노래는 결국은 마음(Herz)입니다." 하면서 자신

---

201 Heinz Drewes(1903~1980) 제국 선전성 제10국 음악국 국장, 나치 시대 음악에 관한 한 가장 영향력 있었던 실세였다.

의 가슴을 두드린 후, 자리에 있던 지휘자 클레멘스 크라우스 교수를 뒤돌아보며 "이 사람이 나의 예언자(Prophet)입니다."라며, 다시 그 옆에 앉아 있던 크라우스의 부인이자 명배우 비올리카 우르술레악Violica Ursuleac를 가리키며 "마음! 마음!"이라며 반복했다.

옹은 이태리인에게는 별로 감복하지 않아 보였다. 또 다른 경우였지만, 나는 뮌헨 국립가극장의 총감독 하르트만 교수와 〈나비 부인〉 연출에 있어, 일본인이 보았을 때 드는 부자연스러운 점을 지적하면서 이야기하고 있었다. 하르트만 교수는 "그 점에 대해서는 그라프 고노에(고노에 히데마로 백작(近衛伯), 독일에서는 고노에 씨를 그렇게 부르고 있었다.)로부터도 주의를 받은 적이 있습니다. 사실은 고노에 씨에게 부탁해서 일본에서 의상 등을 가져오려고 생각하고 있던 중이었습니다." 등등 대단히 흥미로운 이야기를 하고 있자, 옹은 옆에서 "이태리인은 일본에 대해 알 수 없지."라며 일축했다. 천하의 푸치니도 옹을 만나 아무것도 아니었다. 단, 독일에서 가장 많이 상영되는 가극은 〈나비 부인〉과 〈라 보엠〉이기 때문에 그 인기는 대단했으며, 푸치니 때문에 죽고 사는 이들도 있었다.

언젠가 한 번은 내가 빈에 머물고 있을 때, 옹으로부터 차나 한 잔 하러 오라는 전갈이 왔다. 옹의 저택은 일본 총영사관 근처에 있었으며, 넓은 정원을 갖춘 굉장한 저택이었다. 대문에서 시작하는 완만한 경사를 오르면 현관에 다다르는 구조였다. 응접실은 조도가 모두 어두운 것들로 되어 있어 차분한 느낌이 들었다. 그곳에는 동서의 수많은 골동품이 진열되어 있어 옹의 취미가 무엇인지를 말해주고 있었다. 합석한 손님은 리스트의 수제자로 당시 살아 있던 유일한 한 사람인 에밀 폰 자우어Emil von Sauer교수였다. 일찍이 쿠노 히사코 여사가 가르침을 받고 싶었지만, 이를 허락받지 못해 비관 끝에 하숙집 2층에서 뛰어내려 자살한 애화를 남긴 당사자다. 앞서 말했다시피 슈트라우스는 당당한 체구인데 반해, 자우어 교수는 왜소했다. 연령은 자우어 교수 쪽이 두세 살 위였다. 그러나 여전히 기력이 정정해서, 최근 젊은 여제자와 결혼하여 아기가 태어난 것을 기뻐하고 있었다. 이러한 이야기는 결코 인기에 좋은 영향을 끼치지 못했으며, 그의 말년은 오히려 불우했다. 그 밖에 역사를 전공한 모 교수와 안익태 군이 있었다. 그 날은 집사가 모습을 비추지 않고, 가정부가 대신 나오고 슈트라우스 부인이 전담하여 우리를 접대했다.

노인이 모이면 이야기는 자연스럽게 회고적이 된다. 슈트라우스는 그의 초기 작품을 바그너에게 보여줬던 때를 회상하며, 바그너가 그의 작품을 쳐다보지도 않고 책상 서랍에 처넣어버린 것에 대해 분통해하며 이야기를 하자, 자우어는 다시 리스트 문하에 있었던 당시의 이야기 회상하며 손짓 몸짓으로 이를 열심히 설명했다. 볼을 부풀리며 새빨간 얼굴을 하고는 끝내 의자에서 일어나 다가왔다는 결말. 내게 더 음악의 소양이 있고, 장래에 추억을 쓰고자 하는 속셈이 있었다면 모든 모임에서 즐거운 이야기를 이끌어내었을 터인데 지금에서야 아쉬운 생각이 든다.

자우어는 그 후 얼마 지나지 않아 전쟁 중 젊은 부인과 아기를 남겨둔 채 세상을 떠났으며, 슈트라우스도 작년 가르미슈의 별장에서 영면해 이러한 기회를 다시 가질 수 있는 가능성은 영원히 잃고 말았다.

1944년 7월, 잘츠부르크 음악제에서는 옹의 80세 축하의 의미에서 그 신작 가극, 〈다나에〉가 초연되었다. 때가 때이니 만큼, 북부프랑스에서는 영미의 상륙 작전이 결행되었고, 국내에서는 히틀러 암살 음모가 폭발한다. 전쟁도 정치도 모두 쉽지 않은 형세를 취하고 있었기에 음악제는 중지될 것으로 보였다. 그러나 모처럼의 기획이었기에, 초연은 총 예행연습이라는 명목으로 특별히 안내 받은 사람들을 위해서만 상영되었다. 나는 독일에 체류 중 매년 바이로이트와 잘츠부르크의 음악제에는 참석해 왔으나, 이 해는 앞에서 말한 것처럼 유럽의 형세가 몹시 긴박했기에 출석을 단념하고 있을 때, 옹으로부터 자축하는 의미에서 초대를 받아, 이후 작정하고 옹이 있는 잘츠부르크에서 며칠을 머물렀다. 나는 옹과 함께 무대 가까운 정면에 위치한 특별석에서 그의 설명을 들으면서 관람할 수 있었다. 지휘는 클레멘스 크라우스, 주연은 그 부인 우르술레악이었고, 그리스 신화에서 가져온 3막으로 구성된, 옹의 작품으로는 대작에 속한다. 그 전년도에 초연된 〈카프리치오〉보다 전에 작곡되었지만 초연이 늦어진 이유이다.

〈카프리치오〉는 현대의 파리를 배경으로 한 1막으로 구성된 가극으로 초연은 뮌헨 국립 가극장에서 이루어졌다. 음악은 현악 6중주가 끌어가는 것인데, 옹 만년의 고담한 맛을 보여주는 특이한 작품이다. 연출은 〈다나에〉와 마찬가지로 하르트만 교수였다. 이것들에 더해 교향악시 〈도메스티카〉의 신작 발표가 있다는 등, 옹은 나이가 들어 창작욕이 더욱 왕성해지고 그 예술은 경지에 달한 감이 있다.

슈트라우스가 돈에 물들었다는 소문을 들은 적이 있다. 벌써 30년도 전에 일로, 당시 한 번 지휘 수당으로 천 마르크를 요구했다는 이야기가 있었다. 그러나 내가 아는 한 옹 자신은 돈에 대해서는 화끈했다. 지금 안 군 같은 경우에도 한 푼의 사례도 하지 않고 있다. 황기 2600년 일본 축전악 작곡에 대해서도 돈을 거절하고 문화 훈장과 같은 것을 갖고 싶어 했다. 훈장 수여가 허락되지 않았기에 이에 대해 약간은 서운해 하는 것 같았으나, 나는 옹의 입에서 이 일에 관한 단 한마디 불만의 소리를 들어본 적이 없었다.

옹은 허식을 싫어했다. 많은 음악가가 교수라 불리고 싶어 했지만, 옹은 일생을 박사로 일관했다. 일본에서 특히 박사는 유난히 그렇지만, 베를린에서는 이는 흘려듣는 경우가 많다. 그 중에는 박사라고 부르는 것보다 마이스터로 부르는 사람들도 많았으나, 이는 옹의 마음에 맞는 것은 아닌 듯해 보였다.

옹은 과도하게 예의 바른 사람으로, 편지는 반드시 자신이 직접 썼다. 그 글씨 또한 아름다웠다. 따라서 옹이 손수 그린 악보 자체가 훌륭한 예술품이다. 나는 옹으로부터 황기 2600년 봉축 〈일본 축전곡〉과 앞서 말한 〈카프리치오〉의 스케치북을 받았는데, 그때마다 "보잘것없습니다만, 기념으로 받아주실 수 있으시겠습니까?"라고 물었으며, 나는 "더할 나위 없습니다."라고 답하는 것을 기다리고 증정의 시를 써넣는 등, 겸양을 지니고 있었다.

옹의 취미는 스커트라는 트럼프 놀이었다. 옹이 음악을 하지 않을 때는 스커트를 하고 있다고 생각하면 된다. 이는 3명에서 하는 카드놀이기 때문에 상대가 중요하다. 여기에는 그림자가 형체를 따라다니듯 옹이 가는 곳에서는 그곳이 어디든 반드시 쫓아 돌아다니는 사람이 있다. 두 명 모두 60세를 넘은 노인이지만 처음부터 옹의 숭배자이다. 옹이 나의 집에 머물자, 2명이 함께 나의 집에 나타난다. 그리고 밤 열 시가 되면 놀이를 중단하고 각자 그들이 머물고 있는 곳으로 돌아간다. 그렇게 좋아하는 놀이라 하더라도 절대로 밤을 새는 일은 없었다.

옹은 식사 등도 매우 양이 적어 아침은 커피 한 잔에 빵 한 조각. 술과 담배도 하지 않았다. 그 고령에 명민한 두뇌, 넘치는 정력을 가질 수 있었던 것은 모두 이러한 절제된 생활 원칙에서 비롯된 것이라 생각한다.

옹의 집에서는 3대를 연속해서 리하르트로 부르고 있다. 영식도 리하르트, 영손도 리하르트. 가내에서 리하르트로 불리는 것은 손자로 옹은 모두로부터 파파, 파파로 불리고 있었다. 생각해보면 그는 단순히 가정 내에서 그저 마음씨 좋은 할아버지일뿐만 아니라 실로 근대 음악계의 위대한 파파였다.

부록3: 에하라 고이치, 〈안익태 군의 편모〉

(출처: 江原綱一, 「隨筆 安益泰君の片貌」, 《レコード芸術》, 第1卷3号

(1952年5月), pp. 56~57)

1942년[202] 가을 나는 공무로 루마니아 부쿠레슈티에 있었다. 명치절
아침 일본 공사관 의식에 참석했다, 그곳에 기미가요 제창 때 피아노를
연주하는 흰 넥타이를 맨 청년이 있었다. 마르고 키가 큰, 보기에 호감
을 갖게 하는 인상이었다. 식후에 T공사[203]로부터 그가 당시 유럽 유학
중인 지휘자 겸 작곡가 안익태 군이라는 소개를 받았다. 안 군은 당일
오후 연주회를 지휘하기로 되어 있다고 하면서 나를 연주회에 초대하
였다. 다행히 휴일이었고[204] 특별히 예정된 것도 없었으며 연주회장도
내 숙소에서 코에 닿을 거리인 왕립 음악당이었기 때문에 나는 흔쾌히
그 초대를 받아들였다.

음악당은 만원이었다. 곡목은 자작곡인 〈월천악〉과 베토벤 〈교향곡
6번〉이었다. 조선에서 태어난 안 군이 〈월천악〉을 교향곡화한 것에 대
해 약간 기이한 감이 없지 않았지만, 조선의 궁정에 다수의 아악이 보

---

202 각주 13 참조.
203 각주 15 참조.
204 각주 16 참조.

존되어 있다는 것을 생각해 볼 때, 우리들보다 아악에 대해 친밀하고 깊이 있게 알고 있지 않을까 하는 등의 소박한 상상을 했다. 특히 나로선 극동의 한 음악 생도가 얼마나 큰 성공을 했는지를 지켜보는 것도 흥미로웠기에, 나는 정해진 시각에 지정된 자리에 앉았다.

첫 번째 아악의 테마가 반복되는 사이 기대치 못했던 베리에이션이 나타났고, 기교 넘치는 타악기 구사에 이르러서는 나도 모르게 '흠…' 하며 수긍할 수밖에 없었다. 그 짧은 교향시는 우아한 〈월천악〉의 멜로디에 조선의 궁정악을 더하여 극적인 효과를 내며 내 가슴을 울렸다.

연주가 끝나고 내가 물품 보관소 옷장에서 외투를 받아들려 하자, 검은 드레스를 입은 루마니아인 부인이 다가와 내게 말을 걸었다. "오늘 음악은 어땠던가요? 저 동양의 멜로디! 그 동양의 테크닉!…" 감탄하더니, 이내 스스로 놀라며, "죄송해요. 제가 감격해서 그만… 무의식중에 지휘자와 같은 나라 사람인줄 알았어요. 근데, 정말 근사한 공연이었어요!"라며 수줍게 웃었다. "저도 오늘 처음 들었습니다만, 실로 유쾌했습니다."라고 맞장구쳤다. 그러자 부인은 "그래요. 베토벤 연주도 물론 꽤나 대단했어요. 그러나 우리는 베토벤 곡은 많이 들어봤기에, 아무래도 둔감해진 측면이 적지 않아요…. 그러나 극동의 음악은… 어떻게 이렇게나 근사할 수 있죠! 맞아요. 이렇게나 감격한 사람은 저뿐만이 아닐 거예요. 오늘 이곳에 온 모든 이들이 그럴 거예요. 정말 좋은 음악회였어요!"

문밖으로 나서자, 광장 멀리 왕궁의 지붕 끝에 남국의 석양이 남아 있었다. 넓은 포장도로를 걸으며, 마음속으로 나도 모르게 "오늘은 정말이지 경축일일세."를 연신 반복하고 있었다.

안 군은 국립 동경 음악 학교를 졸업하고, 미국으로 건너가 그 곳에서 고학하는 사이, 필라델피아 콩쿠르에 입선하여[205] 유럽 유학의 기회를 얻었다. 유럽에서 안 군은 빈에서 바인가르트너Felix Weingartner에게서 지휘를 지도받고, 부다페스트에서 코다이Zoltan Kodaly로부터 작곡을 공부했다. 유학기간이 지나간 뒤에도 미국의 어떤 노은행가로부터 송금을 받아[206] 그럭저럭 연구를 이어나가다가, 전쟁으로 인해 송금이 불가능해졌다. 하지만 유럽에 머물며 공부를 계속하고 싶었던 안 군은 나에게 상담을 받고자 찾아왔다. 안 군을 아는 사람이라면 어떻게 해서라도 그의 대성을 돕는 걸 바라지 않는 사람이 없었으나, 우리의 작은 힘이라도 보탤 좋은 지혜가 떠오르지 않았다. 그러다가 '어찌되든 내 집에 오면…', 하는 생각으로 독소 전쟁이 시작되던 해부터 베를린에서 그와 함께 살게 되었다.

안 군은 참으로 열심히 공부했다. 음악회와 오페라는 빠짐없이 참석했다. 그는 담배도, 술도 하지 않았으며, 여성과의 교제도 삼가고, 먹고 자는 것 말고는 오로지 음악에 빠져 생활했다. 그는 닥치는 대로 작곡을 시도했다. 당시, 내가 뫼리케[207]의 시를 번역하고 있는 것을 보고서, 그는 여기에 음을 붙여 작곡하였다. 〈풍주금〉과 〈4월의 노란 나비〉가 그것이다. 그리고 이를 완성하자, 우에노(일본 동경의 지명)에 살던 마리아 토르 씨에게 노래를 부탁했다.

우하라 재유再遊를 교향시로 만들고 싶다고도 말했지만, 이는 나와

---

205 안익태가 필라델피아 필하모니 콩쿠르에 입선해서 유럽에 유학하게 되었다는 것은 별도 확인이 필요하다.
206 이 또한 확인이 필요하다.
207 Eduard Friedrich Mörike(1804~1875) 독일 서정 시인. 그의 시를 최초로 일어로 번역한 사람이 에하라 고이치다.

함께 사는 동안에는 완성되지 못했다. 그는 본래 첼리스트였기에 첼로 독주곡 〈흰 백합화〉[208] 등을 자작, 자연하기도 했다.

안 군은 당시 리하르트 슈트라우스의 지도를 받고 있었는데, 범접하기 어려운 노대가의 환심을 산 그의 수완에 우리들도 놀랐다. 하지만 그것은 수완이라기보다 그의 천성이자 타고난 능력이라 말하는 것이 낫겠다. 그 당시 그는 중국의 멜로디를 따, 나의 작사 부분을 곡 말미 합창 부분에 넣어 한 시간 정도의 연주가 요구되는 축전곡을 만들었다. 빈에서 이를 발표할 때를 비롯해[209], 그 밖의 안 군의 연주회장에도 슈트라우스 자신이 직접 그의 연주회장에 참석해 곡의 영광된 출발을 기뻐해 주었다.

어느 날, 갑자기 근무처로 전화벨이 울렸다. 베를린 필하모니의 매니저였다. "신인 소개 차원에서 안 군에게 지휘를 맡기고 싶은데요. 안 군은 어떻게 생각할까요?"라는 이야기였다.[210] 안 군의 소원이 실현될 때가 도래한 셈이었다. 며칠 전 한 모임 자리에서 이 사람이 "과거에는 돈을 내면[211] 필하모니에서 지휘도 할 수 있었지만 현재로선 그것도 힘들어졌어요. 회會[212]쪽에서 바로 이 사람이다! 싶은 사람에게 의뢰하는 길

---

208 안익태의 〈흰 백합화〉는 지금까지 그 유래가 밝혀지지 않았는데 이 시절 에하라 고이치의 집에서 작곡되었다.

209 슈트라우스는 안익태가 지휘한 1942년 3월 12일자 빈 연주회와 1년 뒤인 1943년 2월 11일 두 차례의 〈일본 축전곡〉 연주회에 참석한 바 있다.

210 실제 1943년 5월 3일자 베를린 필하모니 총감독 게르하르트 폰 베스터만Gerhart von Westerman은 베를린 독일협회에 보낸 편지에서 이미 여러 차례 베를린 필을 지휘한 바 있는 고노에보다 에키타이 안을 여름시즌에 출연시킬 것을 요청하는 서한을 보낸다. 에키타이 안은 1943년 8월 18일 처음이자 마지막으로 베를린 필의 비정규 시즌 지휘를 맡았다.

211 실제 고노에 히데마로는 1920년대 자신이 비용을 대고 베를린 필을 지휘한 적이 있다.

212 여기서 '회'가 무엇을 의미하는 지 불확실하지만 그 당시의 정황으로 보건대 독일협회일 가능성이 매우 높다.

만이 유일하니 더욱 어려워졌죠."라는 이야기를 한 직후였기에 다소 의외였다. 안 군이 때마침 부다페스트로 연주 여행을 떠나 있었던 터라 내가 있는 이곳에 연락이 온 것이기에 조속히 연락을 취해 이야기를 정리했다.

그는 베를린 외에도 함부르크, 빈, 로마, 파리, 부다페스트, 부쿠레슈티와 같은 유럽 각지에서 지휘봉을 흔들었다. 1944년에는 파리의 샤요궁에서 3일간 베토벤 축제를 지휘했다. 첫째 날은 티보Jacques Thibaud와 바이올린 협주곡을, 둘째 날은 코르토Alfred Cortot와 〈황제 협주곡〉을, 그리고 셋째 날에는 베토벤 〈교향곡 9번〉을 지휘하여 이를 성황리에 마쳤다.[213] 그 후, 그는 파리에서 바르셀로나로 가서 베를린이 함락되는 날까지 나의 집으로 돌아오지 않았다.

학도와 같은 순진함, 음악에 대한 뜨거운 열정과 그 희망을 실현하고자 하는 멈추지 않는 강한 집념을 가지고 있는 그가 가는 앞에는 어떠한 장애도 그 길을 막을 수 없을 것 같은 느낌이 들었다. 이렇게 그는 지금도 여전히 유럽 천지를 종횡으로 활보하고 있다.

(변호사, 전 주독 외교관)

---

213 파리 에펠탑 앞에 있는 샤요궁(Palais de Chaillot)은 나치 점령기 베토벤 축제의 무대였다. 나치 점령하 파리에서는 독일의 '문화적' 우월을 과시하기 위해 나치 선전성이 주최하는 수많은 연주회가 열렸다. 너무나 잘 알려진 피아니스트 빌헬름 켐프, 발터 기제킹이 단골로 출연했고, 자크 티보나 알프레드 코르토 역시 마찬가지였다.